Active FRENCH

Paul Gaffney

Longman

LONGMAN GROUP UK LIMITED
*Longman House, Burnt Mill, Harlow, Essex, CM20 2JE, England
and Associated Companies throughout the World.*

First published 1990
ISBN 0 582 02838 8

*Set in 10/12 Palatino, Linotron 202
Produced by Longman Group (FE) Ltd
Printed in Singapore*

Acknowledgements

We are grateful to the following for permission to reproduce
photographs; Keith Gibson, page 121; Brendan Hearne, page 68; London
Features International, page 9 (photo R. J. Capak); Rex Features, page 7.
All other photographs courtesy of Paul Gaffney.

Designed by Heather Richards.
Illustrated by John Grisenthwaite.

Contents

Petites annonces: S.O.S. Amitiés ▼

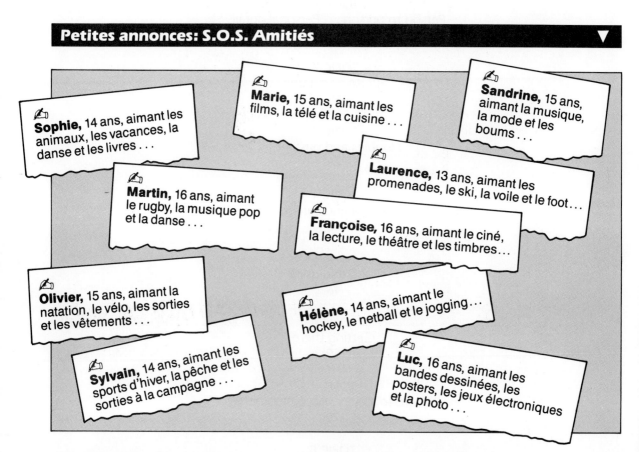

Sophie, 14 ans, aimant les animaux, les vacances, la danse et les livres ...

Marie, 15 ans, aimant les films, la télé et la cuisine ...

Sandrine, 15 ans, aimant la musique, la mode et les boums ...

Martin, 16 ans, aimant le rugby, la musique pop et la danse ...

Laurence, 13 ans, aimant les promenades, le ski, la voile et le foot ...

Françoise, 16 ans, aimant le ciné, la lecture, le théâtre et les timbres...

Olivier, 15 ans, aimant la natation, le vélo, les sorties et les vêtements ...

Hélène, 14 ans, aimant le hockey, le netball et le jogging...

Sylvain, 14 ans, aimant les sports d'hiver, la pêche et les sorties à la campagne ...

Luc, 16 ans, aimant les bandes dessinées, les posters, les jeux électroniques et la photo ...

... Cherche correspondant(e) ... Cherche correspondant(e)

The above advertisements were sent into a French magazine by people looking for penfriends.

1 Which of the writers are, in your opinion, 'indoor' and 'outdoor' people?
2 Which of the writers share a similar interest?
3 Which details would you give if you were writing your own advertisement on the form on the right?

JE DESIRE PUBLIER CETTE ANNONCE:

....

....

....

....

Nom (en capitales) ....

Prénom..

Nº .... Rue ....

Ville .... Code Postal ....

Je vous présente . . .   ▼

FRANÇOIS   et   FRÉDÉRIC

The sentences below describe the above pictures – but which describe
François and which describe Frédéric?

1 Il est grand.
2 Il est petit.
3 Il est gros.
4 Il est mince.
5 Il est jeune.
6 Il est vieux.
7 Il a une moustache.
8 Il a le visage rond.
9 Il a le visage carré.

10 Il a un grand nez.
11 Il a un petit nez.
12 Il a une petite bouche.
13 Il a une grande bouche.
14 Il a de longs cheveux bruns et frisés.
15 Il a les cheveux blonds et courts.
16 Il a de grandes oreilles.
17 Il a de petites oreilles.
18 Il porte des lunettes.

Qui est-ce?   ▼

Il est assez grand, il n'est pas mince, il n'est pas gros. Il a les cheveux
noirs et courts. Il n'est pas jeune. C'est un comédien américain très
célèbre. D'habitude il joue un rôle dans une émission à la télévision
où il est assez horrible! C'est une histoire de pétrole et d'une famille
riche.

Il s'appelle ? ? ? ? ?

Elle est très célèbre et assez jeune. Elle est grande et mince et a les
cheveux blonds et assez courts. Elle voyage beaucoup avec son mari
qui s'appelle Charles et elle a deux enfants qui s'appellent Harry et
William. Elle est toujours très chic et quelquefois elle habite un palais
à Londres.

Elle s'appelle ? ? ? ? ?

Il est petit et mince. Il a les cheveux blonds et assez longs. Il a une
moustache et un grand nez. Il habite un petit village à la campagne en
Bretagne, il est donc français. Il aime les aventures, il n'aime pas les
Romains. Il est fort et courageux (grâce à sa potion magique). Il a un
ami qui est grand, gros et très fort et qui adore manger. Ils sont très
amusants tous les deux.

Il s'appelle ? ? ? ? ? ? ?

▷ Use these
examples to help
you build up a
brief description
of some well-
known person
and see if other
members of your
class can guess
who it is.

Le mini-dossier des stars ▼

J'ADORE

- Les poissons : dans mon assiette et même sur mes chemises
- Paris : j'y ai tous mes copains
- Le football : mon équipe préférée est Nantes
- Les vieilles voitures anglaises
- Le cinéma sous toutes ses formes
- Les glaces à la noix de coco
- Les fenêtres car j'aime la lumière
- Les feuilletons à la télé
- Tout ce qui m'amuse
- Les boums et les soirées dansantes

JE DETESTE

- L'alcool : je n'en bois jamais
- Faire la queue au cinéma
- L'odeur des cigares
- La chasse parce qu'on y tue de pauvres bêtes
- Les voyages organisés
- La foule surtout dans les magasins, cela me fait peur!
- Le téléphone : je ne sais jamais quoi dire!
- Aller dans les toilettes dans un café
- Le froid et la pluie
- Les gens qui sont toujours en retard

1 Are you given information about the following in the *mini-dossier* above?

(i)	smoking	(v)	hunting
(ii)	frightening things	(vi)	music
(iii)	going to the cinema	(vii)	package tours
(iv)	cafés	(viii)	lateness

If, in your opinion, information is given, what have you found out?

▷ Make up your own *mini-dossier* in French. Try to include school subjects which you like or dislike, food and drink, sports, weather, types of shop, clothes, hobbies, etc.

Link them up ▼

Complete each sentence choosing the appropriate ending from the box.

1 Salut, je m'appelle . . .
2 J'ai . . .
3 J'habite . . .
4 J'ai un frère . . .
5 J'ai les cheveux . . .
6 Je suis . . .
7 Je suis en seconde . . .
8 Mon père travaille . . .
9 Je suis sportif . . .
10 Le weekend je vais . . .
11 J'aime bien . . .
12 Je déteste . . .
13 A l'école je préfère . . .

- à l'école
- qui a six ans
- assez grand et mince
- en ville avec mes copains
- acheter et écouter des disques
- l'anglais et le dessin
- aller à l'école le lundi matin
- quinze ans
- une petite ville
- courts et noirs
- dans un bureau
- Christophe
- et je joue au tennis en été et au foot en hiver

▷ Now complete the sentences for yourself?

Connaissez-vous Christophe Lambert? ▼

EN QUATRE FILMS IL EST DEVENU UNE STAR

Connaissez-vous Christophe Lambert? En ce moment il est peut-être le plus célèbre des comédiens français. Après les films comme 'Greystoke', 'Subway' et 'Highlander', il est devenu une star en France et en Grande Bretagne. Voici sa carte d'identité.

CARTE D'IDENTITE

NOM: Lambert
PRENOMS: Christophe Guy Denis
DATE DE NAISSANCE: 29 mars 1957
LIEU DE NAISSANCE: New York
NATIONALITE: Française
FRERES ET SŒURS: un frère Gilles et trois demi-sœurs: Agnès, Patricia et Jacqueline
TAILLE: 1,80m
POIDS: 74 kilos
CHEVEUX: châtain clair
YEUX: bleus
PROFESSION DU PERE: administrateur
PROFESSION DE LA MERE: travaille avec enfants handicapés
SIGNE PARTICULIER: il est myope
ETUDES: deux ans au Conservatoire d'Art Dramatique à Paris
PROFESSION: comédien — avant il était vendeur de vêtements dans une boutique

SES ACTEURS PREFERES: Gérard Depardieu, Jack Nicholson, Dustin Hoffman
SON CÔUP DE COEUR CINEMATOGRAPHIQUE: 'Casablanca' avec Humphrey Bogart
SA COULEUR PREFEREE: le bleu
SON REVE LE PLUS FOU: être enlevé par des extra-terrestres
SON HOBBY: les jeux vidéos et électroniques
SES GOUTS CULINAIRES: il a une préférence pour la cuisine italienne
SON PLUS MAUVAIS SOUVENIR: son service militaire
LE PLUS BEAU JOUR DE SA VIE: quand il a été choisi pour être Tarzan dans 'Greystoke'
SES ANIMAUX FAVORIS: les chiens; il aimerait en avoir une quinzaine
SA BANDE DESSINEE PREFEREE: Tintin et Milou
SA DEVISE: « Toujours faire l'effort de ... »

1 True or false?
   (i)   He has always lived in France.
   (ii)   He is shortsighted.
   (iii)   He has always been an actor.
   (iv)   His favourite film is 'E.T.'.
   (v)   He enjoyed his military service.
   (vi)   He loves pizza.
   (vii) He has fifteen dogs.

2 Given his answers, what do you think *taille, bande dessinée* and *devise* are?

▷ Make up your own *carte d'identité* using the headings in the left-hand column.

La question d'aujourd'hui ▼

Comment charmer un garçon ou une fille?

«Pour charmer quel qu'un il faut être naturel et sympathique. Il ne faut pas changer complètement de manières.»

«Si tu veux le point de vue d'un garçon, j'aime une fille qui partage les mêmes idées que moi et sur qui on peut compter.»

«Surtout évite la jalousie – elle peut te rendre triste.»

«A mon avis, sois amusant – jamais timide ni nerveux.»

«Evite d'être bête ou trop sérieux.»

«Pour charmer quelqu'un, sois simple, relax. Ne sois pas inquiet – c'est capital.»

«Moi, j'adore les gens qui sont assez bizarres! Ça me fait rire. J'ai horreur des gens qui sont très polis et charmants.»

«Ce qui compte c'est la personnalité de la personne – pas un joli visage.»

In two columns headed 'TRY TO BE' and 'AVOID BEING', list the characteristics mentioned above by French teenagers in reply to the question 'What attracts people to each other?'

Trombinoscope – Mug shots ▼

Il s'appelle Henri Barbier. Il a quarante ans. Il est très grand et musclé. Il a les cheveux courts et noirs, les yeux bruns et il a une moustache. Il aime l'argent et les banques – il déteste la police. Normalement il habite en prison en France. ATTENTION, il est désagréable, méchant et dangereux.

Provide the mug shot poster for Henri's wife from the details below.

Elle s'appelle Christine Barbier. Elle a trente-cinq ans. Elle n'est pas mince (elle est très grosse). Elle n'est pas belle, elle a un grand nez et elle est très musclée (comme Henri). Elle a les cheveux blonds, assez longs et frisés, et les yeux bleus. Elle habite Paris et elle déteste Henri. Elle n'est pas gentille . . . elle n'est jamais timide!

▷ Provide a description in French either of a character that you have drawn or of a photograph of yourself. Use the above descriptions to help you.

Madonna, la reine du hit-parade, est née Madonna Louise Ciccone le six juin 1958 dans la banlieue de Detroit. Elle s'appelle Madonna à cause des origines italiennes de son père, et Louise parce que c'était le prénom de sa mère, une Française. Elle habite un énorme loft à New York dans un quartier fréquenté par les artistes mais elle est connue partout dans le monde grâce à ses disques, et ses films. Voilà ce que pensent les jeunes Français de cette célèbre chanteuse:-

« Elle est très ouverte et sociable. »

« Je crois qu'elle est parfois agressive et souvent provocatrice. »

« Pour moi elle est très arrogante. »

« Elle n'est jamais malheureuse, et jamais triste. »

« C'est une grande actrice qui est très populaire chez beaucoup de jeunes. »

« Je la trouve amusante. »

« Quant à son physique, elle est si belle. »

« J'ai lu qu'elle est assez timide dans sa vie privée. »

« A mon avis, elle représente la jeunesse — elle est formidable. »

« Pour les parents des teenagers, elle est affreuse! »

1 Where was Madonna born, and how old is she?
2 Why is she called Madonna?
3 What is her French connection?
4 In English, list the adjectives used to describe Madonna in the quotations above.
  Make a list of 'positive points' about her and a list of 'negative points.'

▷ Use the above quotations to help you describe your favourite film star, pop star, T.V. personality, etc.

Not every famous person is known by his or her original name. John Wayne, for example, started life as Marion Morrison. Read the following descriptions and decide who these people are now.

MAURICE MICKLEWHITE

Il est né à Londres en 1933. Il est grand, il a les cheveux blonds et il porte des lunettes. Il aime le jardinage, le théâtre et le cinéma. C'est un acteur célèbre partout dans le monde et il habite aux États-Unis maintenant. Sa femme s'appelle Shakira et il a une fille. Il s'appelle . . .

a) Sean Connery   b) Michael Cain   c) Roger Moore

PRISCILLA WHITE

Elle est née à Liverpool en 1943. Elle est assez grande, elle n'est pas mince mais elle n'est pas grosse et elle a les cheveux roux. Son mari s'appelle Bobby et elle a trois fils. Dans les années soixante elle était chanteuse célèbre mais maintenant on la voit souvent à la télévision, surtout dans les émissions de jeux. Elle s'appelle . . .

a) Jan Leeming   b) Una Stubbs   c) Cilla Black

GORDON SUMNER

Il est né à Newcastle upon Tyne en 1953. Il est grand, sportif et il a les cheveux blonds. Il était professeur mais maintenant il est musicien et acteur. Il aime le jogging et le tennis. Il a deux enfants et il s'appelle . . .

a) Meatloaf   b) Sting   c) Mick Jagger

MARGARET ROBERTS

Elle est née à Grantham en 1925. Elle a les cheveux blonds et elle est assez grande. Elle ne porte pas de lunettes. Elle a étudié la chimie à l'université mais elle n'est pas chimiste. Elle habite Londres depuis 1979 et elle a un fils qui s'appelle Mark, et une fille qui s'appelle Carol. Elle aime la musique et la lecture. Elle s'appelle . . .

a) Barbara Cartland   b) Margaret Thatcher   c) Mary Whitehouse

MAURICE COLE

Il est né à Liverpool en 1944. Il est assez petit, il a les cheveux bruns, il a une barbe et il porte des lunettes. Il est célèbre à la radio et à la télévision et il est amusant. Il aime le squash et il s'appelle . . .

a) Kenny Everett   b) Mike Yarwood   c) Rowan Atkinson

Ne restez plus seuls

Mariage . . . Amitié . . . Relations . . . Correspondances

PARIS – Pascal est un athlète très sportif, ayant caractère dynamique et personnalité sympathique. Signe cancer. Permis de conduire. Il espère partager ses passions avec une jeune fille dynamique. Vue mariage. Photo récente souhaitée si possible.

DORDOGNE – Retraité. Monsieur 65 ans souffrant solitude. Sobre et simple aimant vie à la campagne. Sans problèmes financiers. Cherche amitié féminine avec dame tendre et sentimentale pour vie heureuse.

CALAIS – Serez-vous avec moi pour le soir de Noël? Viens d'arriver dans la région et me sens très seule. 42 ans, mince, gentille, divorcée. Bonne santé (non-fumeuse). Cherche monsieur 40-45 ans, affectueux et sincère pour sorties et dialogue.

BRETAGNE – Monsieur, 30 ans, célibataire, certaine maturité, très bon salaire, voiture. Grand, brun, affectueux et calme. Il est actif, aime le bateau, la mer et les voyages. Souhaite rencontrer amie même profil.

TOULON – Ravissante, belle et hyper-féminine! Jeune femme blonde aux yeux bleus. 36 ans, secrétaire. Gaieté et tendresse, c'est elle. Souhaite une vie de projets partagés avec jeune homme, aimant humour. Joindre photo.

1 Which of the letter-writers would you suggest should get in touch with the following?
   (i) A woman looking for a stable relationship with an older person
   (ii) A man looking for a woman with a variety of interests
   Give reasons for your choices.

2 Which of the advertisements were written by people who:
   (i)   are financially secure?
   (ii) have a car?
   (iii) are retired?

3 Why do you think that the woman from Calais wrote to the newspaper?

4 Find the French for:
   (i)   with a view to marriage
   (ii) wishes to meet
   (iii) send a photograph
   (iv) affectionate
   (v)   alone
   (vi) single

5 In this type of advertisement, people often use abbreviations to save space. Can you work out what the following mean or refer to?
   JH 50 a 1,60m yx verts div JF ch. voit grd ss enfs

▷ Using the advertisements to help you, try to write a similar piece of 30–40 words about yourself. Remember that you do not need to write in full sentences – simply copy the shorthand style of the people who have written in.

Les détails personnels ▼

Salut ! Je m'appelle Chantale. J'habite à Donjeux, un village assez isolé loin des grandes villes dans le nord-est de la France. Chez nous c'est vraiment la campagne et on cultive des vignes pour le champagne.

J'ai quatorze ans et j'habite avec ma famille dans une maison individuelle. J'ai un frère qui s'appelle Pierre. Il a quinze ans et il aime le sport, la télé et les filles ! Mon père travaille dans la forêt (il y a énormément d'arbres dans la région,) et ma mère est infirmière. Elle travaille en voiture et va chez les personnes malades. Chez moi je suis assez libre et je suis souvent avec mes copines. Le samedi je prends des cours de danse. Autrement j'aime la musique, la mode, et j'ai une passion pour le trivial pursuit. Je déteste l'alcool, je suis assez grande, j'ai les cheveux longs et blonds, les yeux bleus, et ma couleur préférée est le noir.

Amitiés
Chantale

1 Where does Chantale live and what does she tell you about the area?
2 What are you told about Pierre?
3 What do her parents do for a living?
4 What are Chantale's interests?
5 What are you told about Chantale's physical appearance?

▷ Using the above letter as a model, try to write a letter giving details of where you live, your age, brothers and sisters, interests, physical appearance, etc.

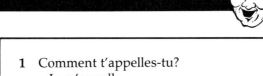

Role play . . . Décris-toi

Provide your own personal details in answer to the following questions and practise the role play with other members of your class. The start of each answer has been given.

1 Comment t'appelles-tu?
– Je m'appelle . . .
2 Quel âge as-tu?
– J'ai . . . ans.
3 Quelle est ta date de naissance?
– C'est le . . .
4 Où habites-tu?
– J'habite . . .
5 Tu habites un appartement ou une maison?
– J'habite . . .
6 Parle-moi un peu de ton village/ta ville.
– Mon village/Ma ville est . . .
7 Tu as des frères ou des sœurs?
– Oui, j'ai . . . / Non, je n'ai pas de . . .
8 Comment s'appellent-ils/elles?
– Ils/Elles s'appellent . . .
9 Quel âge a ton frère/ta sœur?
– Il/Elle a . . . ans.
10 Tu es comment physiquement?
– Je suis grand(e)/petit(e) . . .
11 Que fais-tu comme sport?
– Je joue au . . .
12 Qu'est-ce que tu aimes faire le weekend ou le soir?
– J'aime . . .
13 Quel est ton groupe préféré?
– C'est . . .
14 Tu aimes les animaux?
– Non/Oui, j'ai . . .
15 Décris ta star préférée.
– Il/Elle s'appelle . . . Il est/Elle est . . .
16 Tu as un hobby?
– J'aime bien . . . J'adore . . .
17 Qu'est-ce que tu n'aimes pas faire?
– Je déteste . . .
18 Quelle est ta couleur préférée?
– Je préfère le . . .
19 Qu'est-ce que tu préfères manger?
– J'adore manger . . .
20 Quelle est ta boisson préférée?
– Je préfère boire . . .

★ ★ ★ ★ ★ ★ ★ ★ ★ ★ ★ ★ ★ ★ ★ *La publicité* ★ ★ ★ ★ ★ ★ ★ ★ ★ ★ ★ ★ ★

✳ DECOUVREZ ✳ VOTRE PARTENAIRE

TEST GRATUIT

son âge : minimum _____ maximum _____
son état civil : célibat.☐ veuf(ve)☐ divorcé(e)☐
sa profession : employée☐ manuelle☐ rurale☐
commerciale☐ fonctionnaire☐ indépendante☐
sans importance☐ autres ....

LES QUALITES QUE CETTE PERSONNE
DOIT POSSEDER

O sens des responsabilités	O ouverture d'esprit
O expérience de la vie	O raffinement, courtoisie
O goûts culturels	O sens de l'humour
O intelligence	O protection, sécurité
O optimisme	O loyauté,
O affection, gentillesse	O attrait physique
O dynamisme, vitalité	O esprit indépendant
O savoir-vivre, éducation	O réalisme, bon sens
O tendresse	O moralité
O discrétion	O générosité

LES CENTRES D'INTÉRETS
QUE VOUS SOUHAITEZ PARTAGER

O sentiments	O se promener
O vie de famille, enfants	O la nature
O votre travail	O le sport
O les amis	O la musique
O les diners tête à tête	O votre intérieur
O les échanges d'idées	O les sorties diverses
O les spectacles	O les voyages

INFORMATIONS GENERALES
A RENVOYER A L'ADRESSE CI-DESSOUS

Nom .... Prénom ....
Adresse ....
.... Tél. ....
Profession ....
Age .... Taille .... Poids ....
Situation de famille ☐célibataire ☐veuf(ve)☐divorcé(e)

Uni Centre
institut de communication appliquée

Now that you have completed the topic, see how much you can understand of these advertisements.

On the left is an example of a computer-dating form designed to enable you to choose your ideal partner.

★ Which details are you asked to give in the first section?

★ How many of the important personal qualities do you recognise and which would you select as being most important?

★ How would you yourself list the interests in order of importance?

★ How much information can you extract from the 'Lonely Hearts' column below?

★ How do the people describe themselves, what interests do they have, and what sort of person are they looking for?

CONTACTS

● C - **Richard 46 ans** c'est un homme très sérieux et coura-geux, ouvrier d'usine, sans charge de présentation cor-recte, de taille moyenne de grands yeux bruns, très doux, sobre, homme d'intérieur, il habite la campagne et offre son foyer à une jeune femme simple et douce
**Tél. 21.34.91.66 ou Ecrire
UNION 62730 Marck**

● C - **Alain 34 ans** fonction-naire, grand blond, athlétique, d'une extrême gentillesse, sin-cère, facile à vivre, distingué, il est sportif, aime la montagne, les enfants, la vie moderne. divorcé, il souhaite nouveau foyer harmonieux avec une JF simple, bon dialogue, gentille
Tél. 21.34.91.66 ou Ecrire

● C - **Joelle 38 ans** charme, élégance, gentillesse, blonde aux yeux bleus, un emploi stable, femme d'intérieur, elle sait tout faire dans la maison, elle recherche la sincérité une épaule solide une éducation et savoir vivre chez un homm, la quarantaine, voulant comme elle prendre un nouveau départ de vie à deux
**Tél. 21.34.91.66 ou Ecrire
UNION 62730 Marck**

● C - **Francine a 64 ans** c'est une dame retraitée, de bonne présentation, aimant la vie elle adore les voyages et sorties, indépendante financièrement, intérieur coquet, un caractère franc, mais absolument seule ! un retraité de son âge avec une petite voiture serait très heu-reux avec elle
Tél. 21.34.91.66 ou Ecrire

VOUS RECHERCHEZ
UNE EPOUSE OU UN EPOUX
UNE COMPAGNE OU UN COMPAGNON
UNE AMIE OU UN AMI
Pour les rencontrer, rien de plus facile !

House and home

Les petites annonces ▼

Vends **TABLE RONDE** diam. 120, avec rall. automatique, pied hêtre massif teinté, plateau stratifié chêne foncé, 500 F. Tél. 25.03.43.07.

Vends **BUREAU ENFANT, + CHAISE** rouge-blanc, TBE, 100 F. Tél. 25.03.73.53.

Vends 1 500 F **BANQUETTE** 3 places plus 2 fauteuils tissu gris-jaune. Tél. 25.90.02.76 heures repas.

Vends **LIT ENFANT**, matelas enfant. Tél. 25.90.74.74.

Vends **CANAPÉ** convertible, deux fauteuils, prix 2 000 F. Tél. 25.03.51.98 ap. 18 h.

Vends **TABLE CUISINE** 1 m × 0,75 avec rallonges 1,60 × 0,75, prix 150 F. Tél. 25.31.76.82 Nogent.

Vends **6 CHAISES** paille, neuves, valeur 400 F pièce, vendues 300 F pièce. Tél. 25.32.33.36.

VENDS living frêne noir et ivoire, table ronde, 4 chaises velours marron, meuble TV, Hi-Fi, luminaire, t. bon état, 3 200 F. Tél. 25.27.26.34.

Vends **2 FAUTEUILS LIVING**, armature bois, 500 F. Tél. 25.88.40.55.

Vends **LIT REPLIABLE** sur roul. av. matelas, état neuf, 300 F. Tél. 25.32.10.73.

Vends **TABLE** type ferme 2,20 m de long, pieds hêtre-massif, non tournés, plateau particules de chêne, 2 500 F à débattre. Tél. 25.31.37.88.

Vends **CHAMBRE À COU-CHER** enf., TBE, armoire, lit, commode, coffre à jouets, 4 000 F . Tél. 25.32.12.17 le soir après 18 h 30.

Vends **CANAPÉ-LIT** 1 500 F. S'adresser: M. J. STAUB, 9, rue de Lattre, 52260 Rolampont.

Vends **CONGÉLATEUR** 500 l pour pièces, groupe bon état, prix 200 F. Tél. 25.88.70.01.

Vends **MACHINE À LAVER BRANDT** pompe neuve, programmateur à changer, 300 F. Tél. 25.03.73.53.

Vends **LAVE-VAISSELLE BLANC.** Tél. 25.31.16.90 après 20 h.

Vends **CHAUDIÈRE FONTE IDEAL STANDARD** bois-charbon, cause double emploi, prix 500 F. M. PATON, 1, fg de Belfort, 10200 Bar sur Aube.

Vends **CONVECTEURS NEUFS** servi 2 mois, 1 de 1 750 W, 300 F et 2 de 2 000 W, 350 F l'unité. Tél. 25.03.13.25.

Vends **PETITE CUISINIÈRE** bois-crabon f.c., 400 F, cause double emploi. Tél. 25.94.35.06. Vecqueville.

Vends **PETIT FRIGO,** BEG, 300 F, cause double emploi. Tél. 25.94.35.06 Vecqueville.

VENDS frigo 160 l, plaque mixte, cafetière électrique et le tout 700 F. Tél. 25.32.01.92 h. repas.

Vends **CHAUDIÈRE UNICAL T 25,** servi 2 hivers, prix int. Tél. 25.01.00.95 h.r.

Vends **TRÈS BELLE TABLE DE SALLE À MANGER** chêne massif, 1 000 F. Tél. 25.32.25.90.

Vends **SALON MODERNE** beige comprenant 1 canapé, 2 fauteuils, état neuf, valeur 7 000 F, vendu 300 F à débattre. S'adresser 25.87.52.07 après 17 h Langres.

VENDS commode, penderie, lit 90 avec sommier, matelas dessus, lit, chevet, chaise, état neuf, moderne, prix modéré. Tél. 25.03.70.81.

1 Which of the following objects cost more than 500F and which cost less than 500F?
   (i)   the kitchen table
   (ii) the sofa-bed
   (iii) the dining-room table
   (iv) the washing machine
   (v)   the freezer
   (vi) the three-piece suite
2 Which advertisements ask you to ring:
   (i)   in the evenings?
   (ii) at meal times?

3 Which articles are being sold as new?
4 What do the following mean?
   (i)   *bon état*
   (ii) *vends . . . cause double emploi*
   (iii) *prix 2500F à débattre*
   (iv) *vends 6 chaises . . . 300F la pièce*

A la maison ▼

Each room below should contain five pieces of furniture but they have
been mixed up. Put the furniture into the correct rooms.

LA CUISINE	LA CHAMBRE	LE SALON	LA SALLE DE BAINS
une armoire	une cuisinière	un lit	une table de chevet
une douche	un buffet	un bidet	une chaîne hi-fi
un fauteuil	une baignoire	des draps	une commode
un lavabo	un frigidaire	un placard	une télévision
un canapé	les W.C.	une machine à laver	un congélateur

Soldes! ▼

LIQUIDATION TOTALE

*Avant changement d'enseigne,
LA BOUTIQUE ÉCOSSAISE
vous invite à profiter des prix de
liquidation sur tous ses meubles
en magasin pendant 1 mois*

SALON LIRA
recouvert en cuir massif,
comprenant : 1 canapé
90 x 190 x 83, 2 fauteuils
90 x 90 x 83.
Les 3 pièces. ~~28.900~~ **23.120** F

BUREAU STYLE LOUIS XVI
merisier, 115 x 65 x 75, 2 tiroirs,
dessus cuir
+ 2 tirettes cuir. ~~8.750~~ **7.000** F

SALLE A MANGER STYLE LOUIS XVI
merisier, comprenant : 1 bahut 2 portes,
2 tiroirs 173 x 100 x 50, 1 table ronde
Ø 110, 2 rallonges.
Les 2 pièces. ~~23.270~~ **18.616** F

CHAMBRE A COUCHER SILENE
merisier massif, comprenant : 1 armoire
2 portes, 142 x 205 x 61, 1 lit 140 x 190,
2 chevets, 1 commode
Les 5 pièces. ~~45.890~~ **32.123** F

**BIBLIOTHEQUE LEGITIME
STYLE LOUIS-PHILIPPE**
merisier
132 x 225 x 36/55. ~~14.670~~ **10.269** F

CHAMBRE A COUCHER RUSTIQUE
merisier massif, comprenant :
1 armoire 134 x 60 x 193, 2 portes,
1 chevet, 1 lit 140 x 190,
1 commode 3 tiroirs,
108 x 45 x 65.
Les 4 pièces. ~~48.460~~ **33.922** F

ARMOIRE SALDA
2 portes, merisier
massif,
130 x 190 x 56. ~~24.200~~ **14.520** F

SALLE A MANGER LISA
merisier massif, comprenant : 1 bahut
169 x 99 x 46, 1 table ronde Ø 110,
2 rallonges, 4 chaises
paillées.
Les 6 pièces. ~~35.360~~ **21.216** F

BIBLIOTHEQUE LISA
rustique,
merisier massif, ~~29.500~~ **17.700** F
172 x 46 x 221.

BIBLIOTHEQUE ANGLAISE
acajou et ronce d'acajou,
2 portes,
102 x 33 x 195. ~~15.800~~ **7.900** F

COMMODE LOUIS XV
rustique, merisier,
110 x 50 x 80. ~~11.300~~ **5.630** F

CANAPE DE SALON
3 places, tissu rayé, 100 % coton,
205 x 85 x 76. ~~11.150~~ **5.575** F

MEUBLE TELEVISEUR et MAGNETOSCOPE
en ronce d'acajou,
80 x 52 x 100. ~~9.400~~ **4.700** F

SALON CUIR
pleine fleur, comprenant : 1 canapé 2 places, 165 x 100 x 80, 2 fauteuils
assortis.
Les 3 pièces. ~~53.495~~ **26.745** F

1 What is the reason for the price reduction at the *Boutique Écossaise*?
2 For how long will the prices be reduced?
3 Which articles of furniture represent the greatest and smallest cash
   savings in the sale?
4 Which of the following could you buy in the sale?
   (i)   a bookcase   (vi) a table lamp
   (ii) a video cabinet   (v) a sofa
   (iii) a bathroom cabinet   (vi) a desk

Chez Maximeuble ▼

SUPER SOLDES!!! PRIX MONSTRES!!! SUPER SOLDES!!! PRIX MONSTRES!!!

CHEZ MAXIMEUBLE

En promotion cette semaine . . .

Pour la chambre . . . les armoires, les commodes, les tables de chevet
Pour le salon . . . les meubles télé / hi-fi, les fauteuils, les canapés-lit
Pour le cabinet de travail . . . les bibliothèques, les meubles 'spécial
ordinateurs'

STOP AFFAIRE . . . les lampes à partir de 60 F!!!

Réductions jusqu'à 50%!   Ouverture exceptionelle dimanche 10h-14h!
Parking gratuit assuré!   Prix à gagner!   Et plus encore . . . !

PROFITEZ-EN!
LES BONNES AFFAIRES VOUS ATTENDENT À MAXIMEUBLE!

1 Would you be able to buy the following goods at a reduced price at
  Maximeuble?
  (i)   beds   (iii) armchairs   (v) dining tables
  (ii) bookshelves   (iv) cupboards   (vi) sofa-beds
2 How is *Maximeuble* trying to attract customers?

A vous maintenant ▼

Could you cope at *Meuble 7*? What would you say in the
following situations?

– Attract the assistant's attention
– Explain you would like to buy a lamp
– You would like to know where the carpets are
– You would like to know the price of a chair
– You think that the bookcase is too expensive
– You think that the table is too small
– You really like the armchair
– You do not like the wardrobe
– You would like to know where the cash desk is
– You would like to know where the exit is

Sondage: L'appartement idéal ▼

Qu'est-ce que tu achèterais? Qu'est-ce que tu aimerais avoir dans ton appartement idéal? Voici quelques suggestions:

«J'aurais un grand sofa confortable.»
«J'aimerais bien avoir quelques plantes, des lampes et peut-être des coussins par terre.»
«J'achèterais une petite table pour le téléviseur.»
«Il me faudrait des rayons pour mes livres et mes disques.»
«Je choisirais un beau tapis de luxe!»
«J'adore la musique alors j'achèterais une chaîne hi-fi.»
«Moi, j'aurais des posters aux murs.»
«J'aimerais avoir un magnétoscope et des cassettes de mes films préférés.»

1 Use the above suggestions to help you discuss with a partner how you would furnish the flat on the right. Say what you would buy, what you would like to have and where you would put it in the flat.

2 Find out what other members of your class would have in their *appartement idéal*.

3 What do you get for 295,000F in the *appartement idéal* below?

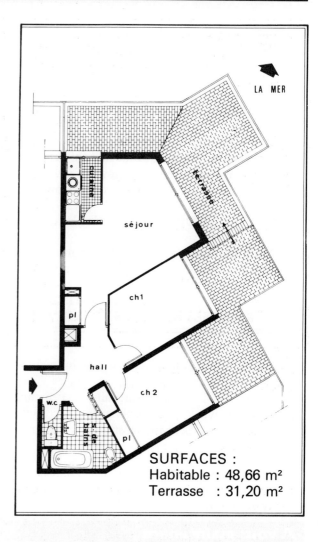

SURFACES :
Habitable : 48,66 m²
Terrasse : 31,20 m²

On Déménage

● **NEUVES-MAISONS** impeccable maison RÉCENTE (en TVA) indépendante s/414m² 4 pièces, cheminée cuis., tout confort, isolation, garage 3 voit.

● **SAINT-MAX** dans résidence 1977 (ascenseur) bel appartement entrée, cuisine, wc, bains, chauf. individuel, cave, parking. PRIX 400.000F

● **NANCY** faculté Pharmacie studio (31m² env.) cuis. tout confort, parking souterrain. PRIX 130.000F

● **PRIX 172.000F NEUVES-MAISONS** centre ville rue très calme ts commerces, maison à conforter 4 pièces cuis. wc, bains, ch. central

● **CHAMPENOUX** sur 1.196m² terrain clos, **SUPERBE PAVILLON** sur sous-sol, indépendant, sous-sol, cellier, garage 2 voitures, 2 pièces aménageables, wc - Etage : entrée, balcon, cuisine, salon, séjour, 2 chambres, tout confort, double vitrage, isolation, terrasse carrelée **500.000F**

● **NANCY CATHEDRALE**, appartement (99m²) balcon, double vitrage, tout confort, dans résidence cellier, parking en sous-sol. PRIX 424.000F

● **LAXOU**, appartement 2° étage, ascenseur, **PARFAIT ÉTAT**, entrée, 2 placards, cuisine équipée, séjour + chambre, wc, bains, chauffage individuel gaz, cave, parking aérien. PRIX 220.000F

● **TRÈS** URGENT à 10 minutes Nancy autoroute maison 4 pièces, cuis., tout confort, grenier aménageable, terrasse, garage 2 voit., cave, SEULEMENT 372000F

● **NANCY** maison proche faculté des Lettres sur sous-sol terrasse, garage, 5 pièces, véranda, cuisine, confort, grenier, cave. PRIX 528.000F

● **SAINT-MAX** confortable appart. F4 cuis., cave, garage fermé (cause mutation) PRIX 240.000F

● **NANCY** (limite Vandoeuvre) maison **INDÉPENDANTE** s/400m² terrain 9 pièces, cuis., tout confort, 3 greniers, terrasse 200m² habitables. **TOUT EN PARFAIT ÉTAT.** PRIX 580.000F

● **UNE AFFAIRE !** maison en cours de rénovation avec (prêt PAP 175.000F cessible) 3 pièces + 2 poss. grenier aménageable wc, bains, ch. central gaz, cour, remise, jardinet. PRIX 220.000F

● **VARANGÉVILLE**, belle maison sur grand sous-sol, cuisine, salon-séjour, 3 chambres, tout confort, balcon, jardin. Possibilité pièces supplémentaires ou **CONVIENDRAIT A PROFESSION LIBÉRALE.** PRIX 650.000F

● Jarville Malgrange, **appartement** 4 pièces, cuisine, bains, cellier, balcon, chauffage individuel gaz, garage, 250.000F

1 Abbreviations are often used in this type of advertisement. What do the following French abbreviations stand for?

(i) ch.   (v) 2e ét
(ii) cuis.   (vi) s.-de-b.
(iii) wc   (vii) voit.
(iv) ch. central   (viii) ter.

2 Try to match up the following potential house-buyers with the house that best suits their needs in the above advertisements. Give reasons for your choices.

(i) A person who wants to live near to the middle of town
(ii) A person who wants to live in a flat with a lift in the building
(iii) A person with more than one car
(iv) A person who wants a bargain house which is being modernised
(v) A person who wants to buy a house with a plot of land
(vi) A person who requires a cellar to store wine
(vii) A person who wants to live near to the university
(viii) A person who will be driving around the area a lot
(ix) A person who wants a flat with a balcony
(x) A person who wants a house with room for an extension

▷ Make up an advertisement in French to give the following information:

PARIS   SIX ROOMS   THREE BEDROOMS   KITCHEN   BALCONY

EXCELLENT DECORATIVE ORDER   CELLAR   GARAGE   NEAR CENTRE

L'immobilier ▼

LE GUIDE DE L'IMMOBILIER

MEDITERRANEE   ATLANTIQUE   COTE D'AZUR

Un paradis de plaisance.

195 000 F
la maison 2 pièces avec jardin

Une terre de contrastes et une immense plage de sable fin où tous les sports sont à l'honneur. A 150 mètres du port de plaisance : maisons de 2 ou 3 pièces avec jardin privatif.

FLEURY-PLAGE
entre Narbonne et Béziers.

Sur la Côte de Beauté.
Dans le rayonnement de la station-phare de la Côte, une oasis de calme entre mer et forêt, une résidence de charme entourée de jardins. A 200 mètres de la plage, 2 ou 3 pièces "plein soleil".

219 000 F
le 2 pièces

ROYAN VAUX-SUR-MER
des plages de sable fin à perte de vue.

549 000 F
le 2 pièces-terrasse vue sur mer

C'est au cœur d'un quartier résidentiel, proche du bord de mer et des commerces, c'est dans le cadre enchanteur d'un parc fleuri dominant la mer, c'est dans une résidence de très haut standing. Ouvrant sur le soleil et la mer, appartements de 2 ou 3 pièces.

CANNES

Which of the above houses:

1 is in a quiet location?
2 is near a harbour?
3 overlooks the sea?
4 is near to shops?
5 is near a wooded area?
6 has its own garden?

Le pour et le contre . . . à votre avis ▼

«Moi j'habite Fixin, un petit village à la campagne pas loin de Dijon. C'est une région viticole et j'adore la vie à la ferme, les animaux et la forêt et les promenades. Mais il n'y a pas assez de distractions pour les jeunes – pour ça il faut aller à Dijon où on trouve des boîtes de nuit, des cinémas et des discothèques.»

«J'habite Bourg-St-Maurice, une petite ville à la montagne dans les Alpes. L'hiver, c'est très pratique pour le ski et la station est très animée entre décembre et mai. Mais l'été pour moi c'est trop calme et j'aimerais mieux être sur la côte dans le Midi.»

1 What are the advantages and disadvantages, according to these four writers, of where they live?

L'immobilier ▼

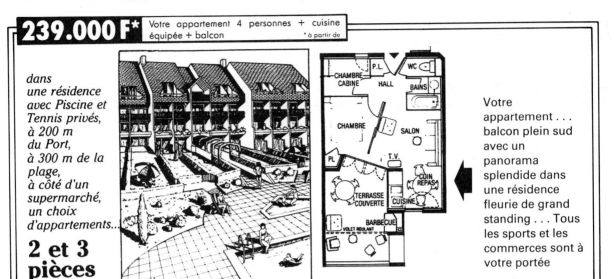

239.000 F* Votre appartement 4 personnes + cuisine équipée + balcon
* à partir de

dans une résidence avec Piscine et Tennis privés, à 200 m du Port, à 300 m de la plage, à côté d'un supermarché, un choix d'appartements...

2 et 3 pièces

Votre appartement . . . balcon plein sud avec un panorama splendide dans une résidence fleurie de grand standing . . . Tous les sports et les commerces sont à votre portée

Given the description and plan of the above apartment, which of the following statements are true?

1 It has a private swimming pool.
2 It has two toilets.
3 The balcony faces south.
4 It is 300m from a supermarket.

5 It is in an exclusive area.
6 There is an excellent view.
7 All apartments cost 239 000F.
8 There are two cupboards.

Le pour et le contre . . . à votre avis ▼

«Moi, j'habite St Malo, une ville touristique au bord de la mer dans le nord-ouest de la France. L'été j'adore la plage, la natation et le soleil. L'hiver je n'aime pas être coincé à la maison à cause du mauvais temps.»

«J'habite la banlieue de Paris. Pour les distractions c'est formidable. Il y a le théâtre, le cinéma, les expositions et toutes sortes de spectacles. Mais pour aller au centre il y a toujours une demi-heure de métro à faire. C'est ennuyeux ça.»

▷ What are *le pour et le contre* for the area you live in? Use the written French above and opposite to help you plan your answer.

Link them up ▼

Complete each sentence choosing the appropriate ending from the box.

1 Chamonix est une station de ski située . . .

2 Domrémy est un petit village situé . . .

3 Les Pyrénées se trouvent . . .

4 Blackpool est une station balnéaire située . . .

5 Londres, la capitale de l'Angleterre se trouve . . .

6 Leeds est une grande ville située . . .

7 Boulogne est un port français situé . . .

8 Lille est une grande ville dans le nord de la France . . .

9 La cathédrale de Notre-Dame est située . . .

10 Marseille est un port important situé . . .

– dans le sud-est de l'Angleterre.

– à Paris, sur une île.

– dans le département de Yorkshire.

– dans une région industrielle près de la Belgique.

– sur la Manche, pas loin de Calais.

– à la montagne dans les Alpes.

– à la campagne.

– dans le Midi de la France sur la Méditerranée.

– au bord de la mer, bien sûr!

– près de la frontière espagnole.

▷ How would you describe the town or the area that you live in?

Coin immobilier ▼

In France, as in England, estate agents have their own way of describing the properties on their books. Which claims are they making in the following snippets taken from advertisements?

'studio ensoleillé dans un immeuble de grand standing'

'luxueusement aménagé, refait neuf'

'tout confort et exposition sud'

'double living en L, box et dressing'

'appartement calme et clair'

'coin repas, cuisine équipée'

'proche du centre ville, idéal jeune couple'

'bonne affaire, à saisir!'

'état impeccable, à voir!'

'quartier piétonnier, calme, proche toutes commodités'

Chez moi   ▼

Ma maison est grande et se trouve dans un quartier tranquille de Dijon. Elle est composée de deux étages. Au rez-de-chaussée il y a la cuisine, la salle à manger et le salon. Au premier étage on trouve les chambres, la salle de bains et les toilettes. Dans ma chambre j'ai des posters, mon électrophone et mes disques, et bien sûr mon lit, une armoire... Au grenier il y a aussi une chambre d'amis et une salle ménagère où on place les affaires de vacances, c'est-à-dire la tente, les skis etc.. Au garage où on range la caravane et les vélos, il y a aussi un atelier où mon père aime bien travailler. Au sous-sol il y a la cave pour le vin. Dehors il y a une terrasse où on mange quand il fait beau, puis il y a le jardin avec une pelouse et quelques pommiers. Tout près de la maison il y a des magasins, un jardin public et une piscine.
        Où habites-tu ?

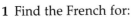

1 Find the French for:
   (i)   a quiet area
   (ii) on the ground floor
   (iii) on the first floor
   (iv) a spare bedroom
   (v)   holiday things
   (vi) a workshop
   (vii) outside
   (viii) a lawn

▷ Use the above letter as a guide to help you describe your own house. Employ useful phrases such as the following:

la maison se trouve   the house is situated
elle est composée de   it is made up of
il y a   there is/there are

Une journée typique? ▼

> «Je me lève et je fais mon ____ et j'aide ma mère à préparer le ____ . Je donne à manger au ____ et je ____ le chien avant d'aller à l'école. Quelquefois en rentrant de l'école, je ____ la voiture de mon père et je fais un peu de ____ . Vers six heures on mange. Moi, j'épluche les ____ et après avoir mangé, on débarrasse la table et je fais la ____ . S'il me reste du temps je fais mes ____ !!!
> Et toi, que fais-tu à la maison?»

1 Fill in the blanks with the words below to reveal details of this person's day.

légumes   lit   devoirs   chat   lave   petit-déjeuner   jardinage   vaisselle   promène

▷ Use the above to help you write a short paragraph in French describing the jobs you help with at home.

Role play . . . Chez moi

Make up answers to the following questions. Practise the role play with your partner or other members of your class. In each case, the start of the answers is given.

Note:
décris or *c'est comment?* describe
un quartier a district of a town
les distractions things to do

1 Où habites-tu? C'est où exactement?
 – J'habite . . . dans le . . . de l'Angleterre.

2 Tu habites en ville, en banlieue ou à la campagne?
 – J'habite . . .

3 Tu habites une maison ou un appartement?
 – J'habite . . .

4 Décris ta maison.
 – Chez moi il y a . . .

5 Ça fait longtemps que tu habites là?
 – J'habite ici depuis . . .

6 C'est comment ton quartier?
 – Dans mon quartier il y a . . .

7 Qu'est-ce qu'il y a comme distractions pour les jeunes?
 – Pour les jeunes il y a . . .

8 Ça te plaît comme ville? Pourquoi?
 – Oui/Non, parce que . . .

9 Qu'est-ce qu'il y a d'intéressant dans ta région?
 – Dans la région il y a . . .

10 Tu préfères habiter en ville ou à la campagne? Pourquoi?
 – Je préfère habiter . . . parce que j'aime . . .

✶✶✶✶✶✶✶✶✶✶✶✶✶✶✶ *La publicité* ✶✶✶✶✶✶✶✶✶✶✶✶✶✶✶

marché immobilier

Now that you have completed the topic, see how much of the above advertisements you can understand.

★ Which sections deal with flats for sale and houses to rent?
★ How many of the abbreviations can you understand and what are the attractions of the holiday flats for sale?
★ What could you buy for less than 500F in the 'household items for sale' section?

Hobbies and pastimes

NOS STAGES

 ESCALADE

Initiation et perfectionnement dans le Grand-Massif et Massif du Mont-Blanc
- encadrement par moniteur
- matériel fourni sauf les chaussures
- transport assuré au lieu de pratique
- groupe de 8
- 12 au 19 juillet 198 , 16 au 23 août 198
Tarif : activités, hébergement et pension en village vacances : 1 400 F

 GOLF

Initiation et perfectionnement sur le golf de
- encadrement assuré par un moniteur sur 5 demi-journées
- transport assuré jusqu'au lieu de stage
- groupe de 8-10 personnes,
- 5 au 12 juillet 198 , 26 juillet au 2 août 198 , 30 août au 6 septembre 198
Tarif : activités, hébergement et pension en village vacances : 2 000 F à 2 500 F
la semaine

 TENNIS

6 jours
- initiation et perfectionnement
- encadrement par moniteurs diplômés (2 h de cours par jour)
- hébergement en studio de 2 à 3 personnes,
- 28 juin au 6 septembre 198
Tarif : activités, hébergement et pension en village vacances : 1 550 F la semaine
adultes, 1 150 F la semaine jeune (11 à 15 ans).
ACTIVITÉ SEULE : adulte 650 F, jeune 400 F.

 DELTAPLANE

Initiation et perfectionnement, école de delta des
- encadrement par moniteur diplômé
- groupe de 6 à 8 personnes,
- 12 au 19 juillet 198 , 19 au 26 juillet 198 ,
Tarif : activités, hébergement et pension en village vacances : 2 100 F adultes,
1 800 F jeunes et étudiants.
ACTIVITÉ SEULE : adulte 1 300 F, jeune 1 000 F.

1 Are these courses only for beginners?
2 Which course(s) provides transport to the activities?
3 Which course(s) provides equipment?
4 Which course runs for the longest period of the year?
5 Which two types of people qualify for a price reduction?
6 How many days' tuition are you given at golf?
7 What are you told about your meals and where you will stay?

▷ Using the above text as a model, make up your own advertisement for
your favourite sport, giving details of dates, price, coaching, etc.

Match them up ▼

Link the following activities with the correct symbols below:

1	2	3	4	5	6

7	8	9	10	11	12

A . . . Activités

Secteurs

A.-
Activités manuelles 2-5-6
Aquarelle 1-2-4-5-6
Archéologie 5
Artisanat 2-4
Aviation 2-6
Aviron 1-6

B.-
Baignade 1-6
Barque 1-6
Base-ball 6
Batterie-percussions 6
Bicyclettes (location) 1-2-3-4-6
Bois (travail du) 3
Bowling 1-2-6

C.-
Canoë-kayak 1-2-3-4-5-6
Chant choral 6
Cuisine 5
Cyclotourisme 1-2-3-4-5-6

D.-
Danse 6
Décoration florale 4-5
Découverte 1-2-3-4-5-6
Delta-plane (vol libre) 2-3-5-6

E.-
Enfants 5-6
Equitation 1-2-3-4-5-6
Escalade 1-2-3-5-6
Excursions 1-2-3-4-5-6

F.-
Footing 6

G.-
Golf 1-2-3-5-6

I.-
Informatique 2-3-5-6

L.-
Langues (stages) 1
Luge d'été 6

Secteurs

M.-
Menuiserie 3
Montgolfière 2-3
Motonautisme 1-2-5-6
Mountain-bike (VTT) 2-3-4-5-6
Multiactivités 1-5-6
Musique 3-4-6

N.-
Natation 1-6

O.-
Orientation 1-5-6

P.-
Parachutisme 2
Pêche 1-2-3-4-5-6
Pédalos 1-6
Peinture 1-2-4-5-6
Photographie 2-5-6
Planche à voile 1-5-6
Plans d'eau 1-5-6
Poterie 2

R.-
Randonnée équestre 1-2-3-4-5-6
Randonnée fluviale 1-2-5
Randonnée pédestre 1-2-3-4-5-6
Remise en forme 3-5-6

S.-
Sculpture 3
Ski nautique 1-2-5-6
Soins chevaux et poneys 5
Spéléologie 1-2-3-4-5-6
Spiritualité 4

T.-
Télésiège 6
Tennis 1-2-3-4-5-6
Théâtre 6
Thermalisme 3-6
Tir à l'arc 2-5-6
Tissage 2-4
Tourisme fluvial 1-2-5-6

U.-
ULM 5

V.-
Vélo de montagne (VTT) 2-3-4-5-6
Voile 5-6

The above is the index page of an activities booklet. Which page(s) should you turn to for information about the following activities?

1 cookery **2** cycling **3** painting **4** singing
5 horse riding **6** keep fit **7** woodwork **8** hang-gliding

Les maisons et les clubs des jeunes ▼

Afin de favoriser l'action des Associations de Jeunesse et d'Education Populaire, la Mairie de Paris a créé 28 maisons des jeunes qui offrent, non seulement aux jeunes, mais à l'ensemble de la population parisienne, la gamme la plus variée d'activitiés et de loisirs.

MAISON DES JEUNES... 12 RUE CENSIER, PARIS 5ᵉ
Tél. 43.37.26.14

ALPHABET DES ACTIVITES

Aérobic, art dramatique, athlétisme, badminton, ciné-club, cuisine, dessin, jogging, informatique, langues, musique, modelage, peinture, photographie, plongée sous-marine, tennis de table, vidéo, volley.

Pour les horaires et inscriptions, prière de s'adresser au bureau.

1 How many *Maisons des Jeunes* are there?

2 Are they only for young people?

3 How should you find out about the activities which are on offer?

4 Which, if any, of the activities on offer would you suggest for the following people?
   (i)   A person who likes outdoor sport
   (ii) A person who likes swimming
   (iii) A person who likes winter sports
   (iv) A person who likes dancing

Sport pour tous ▼

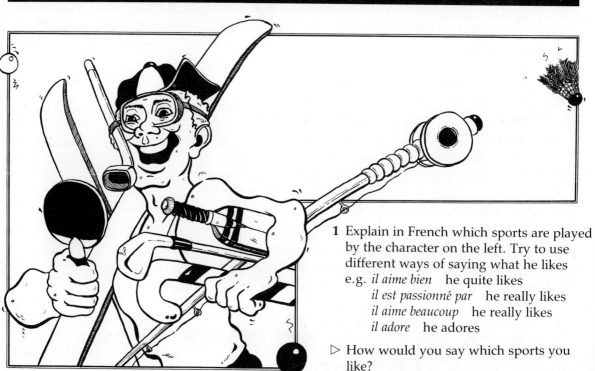

1 Explain in French which sports are played by the character on the left. Try to use different ways of saying what he likes
   e.g. *il aime bien*   he quite likes
        il est passionné par   he really likes
        il aime beaucoup   he really likes
        il adore   he adores

▷ How would you say which sports you like?

Hit parade des films ▼

Voici les films qui ont eu le plus de succès d'après un sondage réalisé parmi les jeunes spectateurs et téléspectateurs:

Au cinéma	A la télé
– Le Dernier Empereur	– Le Flic de Beverley Hills
– Qui veut la peau de Roger Rabbit	– Retour vers le futur
– Un poisson nommé Wanda	– Le Diamant du Nil
– Eclair de lune	– Les Dents de la Mer
– Liaison Fatale	– Y a-t-il un pilote dans l'avion

What were the original titles of these films? Can you think of other film titles that translate into French?

Sue (Linda Koslowski), brune et new-yorkaise, journaliste en mal de scoop, part pour le 'bush' australien et rencontre Dundee (Paul Hogan) — blond, ridé, un mélange de Tarzan et de Davy Crockett, élevé par les aborigènes. Le couple rencontre des serpents, pas de problème pour Dundee (rescapé d'un combat avec un crocodile géant) qui les étrangle d'une main! Ensuite Sue invite Dundee à New York et maintenant ça commence!

Il campe par terre dans sa suite et se demande ce que c'est qu'un bidet. Pour lui la jungle humaine de Manhattan est un grand village et il revient à l'hôtel à cheval — sur un cheval de police! L'humour de Hogan gagne la partie, la vision est charmante et notre héros irrésistible. C'est une comédie réjouissante, un film rafraîchissant pour les enfants, les parents et les grand-parents. Hogan, c'est Tarzan mais avec l'accent australien. Moi, j'aime . . . Le cinéma australien, ce n'est pas seulement Mad Max! ■

1 How is Crocodile Dundee described at the start of the review?
2 Why is he called 'Crocodile'?
3 How does he deal with the snakes in the bush?
4 What do you think the writer means when he says that when they get to New York *ça commence!*?
5 Name two things that suggest that he is not used to being in a big city like New York.
6 Why are Tarzan and Mad Max mentioned?
7 The reviewer has obviously enjoyed the film. How many positive points can you find in the review that support this?

CINEVIDEO

SUR NOS ÉCRANS
★ ★ ★ ★ ★ ★ ★ ★ ★ ★ ★ ★

VOG (tél: 21.31.32.90)

A 18h, 20h, et 22h dans deux salles équipées en stéréo-dolby
— Psychose III (interdit-18 ans)
— L'invasion vient de Mars (en cas de pluie, séance supplémentaire à 15h)

LES ARCADES (tél: 21.31.32.88)

A 17h 30, et 22h dans les trois salles
— La Mission
— Karate Kid II
— Aliens le retour (interdit-13 ans)

Tarifs: Entrée normale 30F. Tarif réduit 20F.
Réductions: moins de 13 ans, plus de 65 ans (pas le vendredi ou le samedi)

1 True or false?
  (i)   You can see a film at 10 p.m.
  (ii)   You can see a film every afternoon.
  (iii) Students qualify for a reduction.
  (iv)   You can see a film at 9.15 p.m.
  (v)   Pensioners pay 20F.
  (vi)   Reductions are not available every day.

A mon avis ▼

  – Pour moi 'Hannah et ses sœurs' est vraiment formidable. Woody Allen est toujours très amusant.
  – J'ai vu 'La Mission'. C'était assez bien. Il y a quelques bons moments. Oui, ce n'est pas mal comme film.
  – 'Howard le canard extra-terrestre' était affreux. Je ne l'ai pas du tout apprécié. C'était tellement bête.
  – 'Dangereusement Vôtre', je l'ai trouvé passionnant! Si vous aimez James Bond, il faut le voir.
  – 'Subway' c'est extra, et Christophe Lambert est sensass!
  – A mon avis 'Le contrat' n'était pas mauvais. Je suis assez content de l'avoir vu.

1 How much did these people like the films they saw? Choose the box that you think best describes their views for each film.

THE FILM WAS . . .

AWFUL
FAIR
GOOD
VERY GOOD
EXCELLENT

2 One French magazine rates new videos on a scale ranging from *extra, flip, superflip* to *waow*! if they are good. Use the extracts above to help you make up a list of French adjectives ranging from 'awful' to 'excellent', in the order you feel they should be written. Can you add any adjectives of your own?

▷ Use the above comments to help you write a short review of a film that you have seen recently.

Match them up ▼

Télévision britannique

Below is a selection of English T.V. programmes and on the right a description for each, taken from a Boulogne newspaper, for people able to receive British broadcasts in France. Link them up.

8.45 Saturday Superstore
11.45 Merry Melodies
12.15 Grandstand
17.20 Roland Rat
17.45 Doctor Who
19.00 Every Second Counts
20.00 Casualty
21.00 News and weather
22.10 Film 'The good, the bad and the ugly'
23.45 The sky at night

Le bon, la brute et le truand

Informations, météo

Magazine destiné aux astronomes amateurs

Feuilleton de science-fiction

Magazine, musique, mode, vidéoclips

Dessins animés

Feuilleton pour les jeunes

Magazine sportif

Série dramatique qui se déroule dans le service des urgences d'un hôpital

Jeu opposant trois couples

Télé-programmes ▼

A2 ANTENNE 2 A2

6.45 Télématin
9.00 Récré à 2: Pac man, Les Ewoks (dessins animés)
10.00 Feuilleton – 'Jeunes Docteurs'
10.30 Bonjour, Bon appétit: la cuisine rapide
11.00 Terre des bêtes – les animaux et l'environnement
11.55 Météo
12.00 L'académie des neuf-variétés
13.00 Antenne 2 midi – Informations
13.45 Les diamants du président – feuilleton (No. 3/6)
14.45 Sports d'été – aviation, athlétisme, natation
17.10 Récré à 2 (émissions pour les jeunes)
18.30 Flash Actualités
19.15 Actualités régionales
19.45 Jeu: Des chiffres et des lettres
20.15 Film 'La Cinquième Victime' – policier, noir et blanc
22.00 Les Enfants du Rock: flashback des années 60
23.20 Édition de la Nuit

1 When can you watch the news on A2?
2 Which three sports are featured?
3 When can you watch a serial?
4 When is the weather forecast?
5 What are you told about the evening film?
6 When can you watch children's T.V. on A2?
7 When is there a cookery programme?
8 What is featured on the music programme?
9 What do the following symbols mean? They refer to programmes in a T.V. guide.

A → →	Émission pour adultes	
E → →	Émission enfantine	
☆ → →	Bon	
☆ ☆ → →	A voir	
☆ ☆ ☆ →	A ne pas manquer	

Sondage: Les jeunes et la télé ▼

Nos jeunes téléspectateurs répondent . . .

Êtes-vous favorable aux émissions pour la jeunesse?	
Oui	75%
Non	11%
Oui et non	9%
Sans réponse	5%

1 List the following types of programmes in order of popularity according to the poll opposite:

   soap operas films cartoons news programmes
   thrillers   light entertainment programmes
   pop music shows   sports programmes

Combien d'heures par jour regardez-vous la télé?	
Plus de 4 heures	15%
Entre 2 et 4 heures	74%
Moins de 2 heures	10%
Pas du tout	1%

2 Which questions were asked in the first two sections?

▷ In French, conduct your own survey of people in your class to find out which type of T.V. programme they prefer.
Do your results fit in with the findings of the above poll?

Quel genre d'émission regardez-vous de préférence à la télé?	
Les films	32%
Les sports	14%
Le rock et les clips	12%
Les dessins animés	12%
Les feuilletons	10%
Les émissions d'aventure	7%
Les journaux télévisés	7%
Les variétés	6%

Tu aimes la musique? ▼

English music is very popular in France and English musical terms are often used by French teenagers. Using the range of opinions on the left, practise expressing your views about the music on the right and ask other members of your class about their tastes in music.

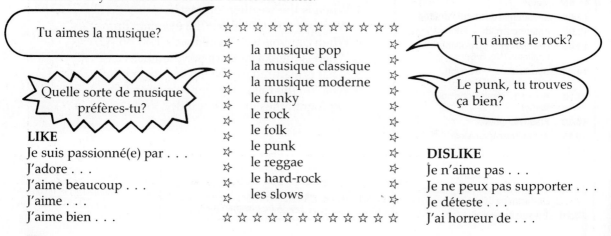

Tu aimes la musique?

Quelle sorte de musique préfères-tu?

Tu aimes le rock?

Le punk, tu trouves ça bien?

☆ ☆ ☆ ☆ ☆ ☆ ☆ ☆ ☆ ☆ ☆ ☆
la musique pop
la musique classique
la musique moderne
le funky
le rock
le folk
le punk
le reggae
le hard-rock
les slows
☆ ☆ ☆ ☆ ☆ ☆ ☆ ☆ ☆ ☆ ☆ ☆

LIKE
Je suis passionné(e) par . . .
J'adore . . .
J'aime beaucoup . . .
J'aime . . .
J'aime bien . . .

DISLIKE
Je n'aime pas . . .
Je ne peux pas supporter . . .
Je déteste . . .
J'ai horreur de . . .

Les loisirs et les voyages ▼

A certaines périodes de l'année, il vous est possible de voyager dans des conditions encore plus agréables grâce à l'animation offerte par le service LOISIRAIL.

L'animateur vous propose le programme de la journée: films (comédies, aventures, drames psychologiques ou dessins animés), jeux pour adultes ou enfants, musique en tous genres, spectacles (théâtre, mimes, chants, magie . . .) ou conférences sur des sujets multiples et variés. De plus, vous apprenez à mieux connaître les régions traversées en écoutant les récits d'anecdotes et légendes, en rencontrant les artisans ou groupes folkloriques régionaux ou encore en dégustant les produits du cru.

Si cette nouvelle façon de voyager vous plaît, vous voudrez sûrement emprunter les autres trains LOISIRAIL existant l'été . . . Brochures et dépliants LOISIRAIL sont à votre disposition dans les gares pour de plus amples informations.

1 Does *Loisirail* operate on all trains, all the year round?
2 What sort of train is a *Loisirail* train?
3 Which age group is *Loisirail* aimed at?
4 How might *Loisirail* help you to get to know the areas that you are travelling through?
5 Where should you find out about *Loisirail*?

Courrier des jeunes ▼

Salut, Je m'appelle Luc et j'ai quinze ans. Qu'est-ce que j'ai comme distractions? Eh bien, je suis assez sportif et à l'école je joue souvent au tennis et au football. Le soir, j'aime bien regarder la télé un peu, ou écouter mes disques dans ma chambre... je préfère la musique pop bien sûr! Le weekend, j'aime nager à la piscine, ou je vais au cinéma avec mes amis. Quand il fait beau, je préfère aller à la pêche à la rivière. En hiver, j'adore faire du ski à la montagne. A part cela, j'adore les boums, voilà ce qui m'intéresse le plus, la lecture ne m'intéresse pas beaucoup et la politique, pas du tout! Et toi, qu'est-ce que tu fais comme sport? Quelle est ta distraction préférée? Qu'est-ce que tu aimes faire quand tu es libre?

A bientôt. Luc.

▷ Using the above letter as a model, write a reply to Luc indicating your likes and dislikes. Note the useful expressions that indicate how much you like or dislike an activity, and use them in your reply.

Les vacances de neige ▼

Partout en France au mois de février, les amateurs de ski se dirigent vers les Alpes, les Pyrénées, le Jura . . . enfin, vers la montagne. Si on n'a pas le matériel nécessaire (skis, bâtons et chaussures de ski) on peut tout louer dans la station de ski. Avant de skier, il faut acheter un forfait remontées mécaniques – soit pour une demi-journée, ou bien pour une journée ou une semaine. Les remontées transportent les skieurs en haut de la montagne. N'oubliez pas d'obtenir un plan des pistes. Pour les débutants, les pistes vertes et bleues sont les plus faciles. Les pistes rouges sont moyennes, et pour les meilleurs skieurs, les pistes noires sont les plus difficiles. Normalement il y a des cours, collectifs ou particuliers avec un moniteur ou une monitrice, organisés par l'E.S.F. (l'école de ski français). Comme vêtements vous aurez besoin d'un bonnet, un anorak, des gants, une salopette (une sorte de pantalon) et des lunettes de soleil. Et après avoir skié? . . . Peut-être un bon vin chaud sur la terrasse ensoleillée d'un bistrot. Allez, bon ski!

1 What happens in February?
2 What can you hire at the resort?
3 What information is given about lift passes?
4 Explain the different colours for ski runs.
5 What clothing is recommended?
6 What is suggested to round off a day's skiing?

Role play

Make up answers to the following questions and practise the role play either with a partner or with other members of your class. In each case, the start of the answers has been given.

1 Qu'est-ce que tu aimes faire quand tu es libre?
   – J'aime . . .
2 Quel est ton sport préféré?
   – Je préfère . . .
3 Quels sports pratiques-tu à l'école?
   – A l'école, je joue . . .
4 Qu'est-ce que tu as comme passe-temps?
   – J'aime bien . . .
5 Qu'est-ce qui t'intéresse le plus à la télévision?
   – J'aime regarder . . .
6 Qu'est-ce que tu fais le weekend?
   – Le weekend je . . .
7 Quel genre de musique préfères-tu?
   – Je préfère . . .
8 Est-ce que tu fais partie d'un club?
   – Non/Oui . . .
9 Quel genre de film aimes-tu au cinéma?
   – J'adore les films de . . .
10 Tu aimes les boums? Pourquoi?
   – Oui/Non . . .
11 Qu'est-ce que tu aimes faire en été?
   – En été, j'aime . . .
12 Qu'est-ce que tu aimes faire en hiver?
   – En hiver . . .

★ ★ ★ ★ ★ ★ ★ ★ ★ ★ ★ ★ ★ ★ *La publicité* ★ ★ ★ ★ ★ ★ ★ ★ ★ ★ ★ ★ ★ ★

AU SOLEIL DU MIDI

AU CŒUR DE LA NATURE ET DES LOISIRS VIVEZ DE VRAIES VACANCES !

Villas indépendantes. avec terrain. Tennis privé.

A PARTIR DE
190.000F*

*Dans la limite des stocks disponibles.

Tennis
Piscine
Mini-golf
Tir à l'arc
Canoé-cayak
Spéléologie
Randonnées
Pêche...*

T 7 J
Documentation gratuite sur Méjannes
ACTE : 28, rue Valentin-Couturier
69004 LYON 78 66 08 80

Nom
Adresse
Tél.

A Méjannes, à proximité du pont du Gard.

CACHEMIRE

Gaumont
Prix des places : 31 F
Tarif réduit : 21 F
Lundi, tarif unique : 21 F

PSYCHOSE III
(Interdit - de 18 ans)
Séances : 14.10, 16.10, 18.15, 20.15, 22.20
Film : 14.35, 16.35, 18.40, 20.40, 22.45

DECOUVREZ LES JOIES DU KARTING AU RACING KART BUFFO
à 35 km de PARIS (RN 19 LES ETARDS) dans un cadre agréable
LOCATION
Bar Club, magasin et piste d'entrainement
64.07.62.97

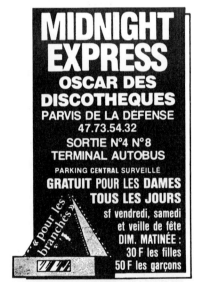

MIDNIGHT EXPRESS
OSCAR DES DISCOTHEQUES
PARVIS DE LA DÉFENSE
47.73.54.32
SORTIE N°4 N°8
TERMINAL AUTOBUS
PARKING CENTRAL SURVEILLÉ
GRATUIT POUR LES DAMES TOUS LES JOURS
sf vendredi, samedi et veille de fête
DIM. MATINÉE :
30 F les filles
50 F les garçons
« pour les branchés »

▶▶▶Camping des Biches
TOURISME ★★★★ - PINÈDE DE 100.000 m2
85270 ST HILAIRE DE RIEZ (Vendée)

TENNIS   MINI-GOLF   TABAC   VOLLEY-BALL   ALIMENTATION   GLACE à rafraichir
PING-PONG   BABY-FOOT   PORTIQUES   TOBOGANS   PISCINE et PATAUGEOIRE pour enfants

A2   **Dimanche 15 mars**

Stade 2

Rugby : Tournoi des Cinq Nations - **Athlétisme :** championnat du monde de cross country à Varsovie - **Parachutisme :** championnat d'Europe de précision d'atterrissage - **Tennis de table :** France/Chine - **Badmington :** Open de France - **Football :** Coupe de France - **Basket :** Limoges - **Cyclisme :** Milan/San Remo - **Moto :** super motard sur le circuit de Monthléry - **Ski :** le Raid Blanc.

Now that you have completed the topic, see how much of the above advertisements you can understand.

★ Which sports can you watch on television on A2?
★ Which sports are on offer in the Midi?
★ Where is the Go-cart Centre?
★ What are you told about cinema prices and when do girls have to pay at the disco?

School and careers

Jeu de définitions – A l'école ▼

Match up the signs on the left with the correct definition on the right.
What would the signs be in English?

| la bibliothèque |
| la cantine |
| les laboratoires |
| le gymnase |
| la cour |
| la réception |
| l'infirmerie |
| le hall |
| le vestiaire |
| la salle de classe |

– on s'y présente en arrivant à l'école

– c'est une salle destinée aux malades

– on y rencontre des amis à la récréation

– on y va pour emprunter un livre ou pour travailler

– il y a normalement une réunion dans cette salle au début de la journée scolaire

– on y dépose des vêtements, par exemple des manteaux et des écharpes

– on y prend un repas à midi

– on y va pour des cours de français, de maths, etc.

– c'est une grande salle où on fait du sport

– on y fait des expériences en chimie

La discipline au collège ▼

– Il est interdit de fumer au collège (les fumeurs seront renvoyés pour une semaine)

– On n'a pas le droit d'aller dans les couloirs pendant la récréation

– Il est interdit de parler en classe

– Si on trouve quelque chose, il faut le signaler au bureau

– Il ne faut pas arriver en classe en retard

– Il faut prévenir le bureau si on est absent

1 What must you not do in class?
2 When must you report to the office?
3 What will result in a week's suspension from school?
4 What is the rule regarding break?

Emploi du temps ▼

	lundi	mardi	mercredi	jeudi	vendredi	samedi
8 - 9h	anglais	{ sciences	/	{ sciences	{ éducation	/
9 - 10h	français	{ sciences	musique	{ sciences	{ physique	anglais
	R é c r é a t i o n					
10h30 - 11h30	{ travaux	maths	français	anglais	{ dessin	français
11h30 - 12h30	{ manuels	histoire	maths	/	{ dessin	géo
	D é j e u n e r					
14h - 15h	maths	{ éducation	/	maths	histoire	/
15h - 16h	géo	{ physique	/	français	/	/

Vrai ou faux?

Are the following statements about the timetable true or false? If they are false, correct them, giving the right information.

1 Les cours commencent à huit heures du matin.
2 Il y a trois cours le matin et deux cours l'après-midi.
3 Le déjeuner est à midi et dure une heure et demie.
4 Il y a trois cours d'anglais par semaine.
5 Les cours finissent à six heures.
6 Le mercredi matin on commence à neuf heures.
7 Après le repas de midi, les cours recommencent à deux heures.
8 Il y a cinq cours par jour et ils durent une heure.
9 Le mercredi il n'y a pas de cours l'après-midi.
10 Le samedi, on ne travaille que le matin.

▷ Using the above statements to help you, practise describing your own school day, giving details of when you start, finish, how many lessons you have, etc.

Les bulletins scolaires ▼

BULLETIN TRIMESTRIEL (COLLÈGES)

NOM ..*LEPORINI*.......

PRÉNOM ..*Sandrine*......

NÉ(E) LE .*05 - 06 - 75*.....

ANNÉE 19*88*- 19*89*   CLASSE ..*6.E*....

REDOUBLANT   OUI ~~NON~~

DISCIPLINES	APPRÉCIATIONS ET RECOMMANDATIONS
FRANÇAIS M RENAUD	*Aucune réaction. Peu de travail - Attitude désagréable*
MATHÉMATIQUES m Thibault	*Trimestre satisfaisant. assez bien.*
LANGUE VIVANTE mlle Kayser	*Toujours très mauvais. Aucun travail, aucune attention*
HISTOIRE – GÉOGRAPHIE ÉCONOMIE ÉDUCATION CIVIQUE M Follia	*Passable - il ne faut pas relâcher les efforts.*
Sciences Expériment — SCIENCES PHYSIQUES m Thibault	*Résultats faibles - attitude parfois désagréable.*
SCIENCES NATURELLES mme Piccoli	*Tout à fait satisfaisant!*
Éduc. Artistique — MUSIQUE M Jaquier	*Attention irrégulière comme les résultats.*
DESSIN M Blime	*Bon travail dans l'ensemble*
ÉDUC. MAN. & TECH. M. Vincent	*Élève toujours actif et sérieux.*
ÉDUCATION PHYSIQUE ET SPORTIVE M Argeston	*Nettement insuffisant.*

BULLETIN TRIMESTRIEL (COLLÈGES)

NOM ..*CLEMENT*.......

PRÉNOM ..*André*......

NÉ(E) LE .*31 - 10 - 75*.....

ANNÉE 19*89*- 19*90*   CLASSE ..*6.E*....

REDOUBLANT   ~~OUI~~ NON

DISCIPLINES	APPRÉCIATIONS ET RECOMMANDATIONS
FRANÇAIS M RENAUD	*Excellent sur tous les plans.*
MATHÉMATIQUES m Thibault	*Le travail est rarement fait. Élève insolente et impolie.*
LANGUE VIVANTE mlle Kayser	*Du travail soigné. Bons résultats.*
HISTOIRE – GÉOGRAPHIE ÉCONOMIE ÉDUCATION CIVIQUE M Follia	*Se moque de son travail et du reste!*
Sciences Expériment — SCIENCES PHYSIQUES m Thibault	*Ensemble correct, travail sérieux.*
SCIENCES NATURELLES mme Piccoli	*Doit se mettre sérieusement au travail.*
Éduc. Artistique — MUSIQUE M Jaquier	*Bon trimestre après mise en route difficile.*
DESSIN M Blime	*Résultats décevants*
ÉDUC. MAN. & TECH. M. Vincent	*Doit faire un effort.*
ÉDUCATION PHYSIQUE ET SPORTIVE M Argeston	*T. Bien. Surtout en athlétisme.*

1 The comments on the above two reports have been mixed up – André should have had all of the good comments, and Sandrine the not so good comments. Sort out the confusion by swapping comments where necessary.

▷ Write your own school report using comments that most reflect your success (or lack of success!) in each subject. The above reports, and the following explanation of French report grades, should help you:

A = Très satisfaisant   **C** = Tout juste satisfaisant   **E** = Très insuffisant
B = Satisfaisant   **D** = Insuffisant

Au collège: le pour et le contre ▼

> Ce que j'aime au collège, c'est que les élèves ne portent pas d'uniforme, on peut s'habiller comme on veut (ce n'est pas comme en Angleterre). Puis il y a certains clubs comme le club de danse et nous avons un foyer où on peut se distraire en regardant la télé ou jouer à des jeux etc. Il y a aussi le club nature, le club photo, cuisine, etc....
>
> Ce que je n'aime pas beaucoup au collège, c'est la nourriture de la cantine. Je trouve qu'elle est "dégoûtante."
>
> Et toi? Qu'est-ce que tu trouves de bien à l'école?

1 What does the French writer say about:
   (i)   uniform?
   (ii) clubs?
   (iii) school meals?

2 Under the headings on the right, practise saying what you like and dislike at school. Use the examples and others that you can think of.

Ce que j'aime au collège, c'est . . .

la récréation
le lundi matin
les examens

Ce que je n'aime pas au collège, c'est . . .

le sport
les devoirs
la pause déjeuner

Role play . . . La journée scolaire

Make up answers to the following questions and practise the role play either with a partner or with other members of your class. In each case the start of the answer has been given.

1 A quelle heure est-ce que tes cours commencent?
   – Ils commencent à . . .
2 Tu as combien de cours par jour?
   – J'en ai . . .
3 Quelle est ta matière préférée?
   – Je préfère . . . . Je n'aime pas . . .
4 Qu'est ce que tu fais comme matières?
   – J'étudie . . .
5 Es-tu fort(e)/ moyen(ne)/ faible en français?
   – En français je suis . . .
6 La récréation dure combien de temps?
   – Elle dure . . .
7 A quelle heure est-ce que tu manges à l'école?
   – Je mange à . . .

Note
une matière   a school subject
être fort(e)/ moyen(ne)/ faible en   to be good/ average/ poor at

Courrier des jeunes ▼

Use this letter as a model and write a reply giving details about your
school day and the subjects which you study.

Chère Annie,

Tu me demandes de décrire mon école, et ma journée scolaire. Eh bien, je vais à un collège. C'est une école mixte pour les élèves de treize à dix-huit ans. On commence à neuf heures moins dix et on finit à trois heures et demie. J'ai cinq cours par jour. On a une heure pour déjeuner, moi, je mange à l'école, et la récréation dure quinze minutes. Comme matières je fais: français, anglais, allemand, géo, maths, dessin, chimie et travaux manuels. Je suis forte en géo, mais je suis nulle en chimie! Le dessin est ma matière préférée et le prof est très sympa. Comme sport, on fait de la gymnastique, de la natation, du hockey et du tennis. Je préfère la natation. Normalement il y a des devoirs à faire chaque soir - ça, je n'aime pas! Et toi, qu'est-ce que tu fais comme matières?
Ecris-moi, vite,

Amitiés Sylvie

C'est quel métier? ▼

From the description, work out which occupation is being described and name it in French.

1 On travaille très tôt le matin et on prépare des baguettes, des croissants, etc.

2 On travaille à la réception d'un bureau et on s'occupe des lettres, du téléphone, etc.

3 On vérifie les moteurs, on change les pneus et on répare les autos.

4 On travaille derrière le comptoir d'un magasin, on aide les clients à choisir, et souvent on encaisse l'argent.

5 On travaille avec les jeunes, on donne des cours et on corrige les devoirs.

6 On porte un uniforme bleu, une casquette et, en France, un revolver. On arrête les voleurs.

7 On travaille le matin, on porte un sac et on distribue le courrier.

8 On répare les toits et les murs et on construit des maisons.

9 On porte un uniforme blanc et on donne les soins prescrits par le médecin.

10 On voyage beaucoup, parfois à l'étranger, pour livrer des marchandises à des usines ou à des magasins. Pour ce métier il faut un permis de conduire, bien sûr!

Le spécialiste des petites annonces . . . ▼

CHAUFFEUR — Petits déménagements.
Tél: 42.51.78.86 mat.

JARDINIER Travail soigné, prix modérés. 7 jours sur 7.
Tél: 43.11.05.16.

PHOTOGRAPHE Reportage photos, mariages, maternité, baptêmes, soirées diverses. Travail sér.
Tél: 42.01.44.13.

DÉPANNAGE AUTO — Mécanicien qualifié meilleurs prix, trav. gar.
Tél: 42.19.86.11.

ARTISAN PLOMBIER Px. intéressants. Dépannage rapide. Devis gratuits.
Tél: 42.02.11.40.

INFIRMIÈRE DIPLÔMÉE 55 ans, garderait malade ou personne âgée.
Tél: 43.54.17.23.

SECRÉTARIAT SERVICE Dactylo, traduction etc.
Tél: 43.43.34.09.

ARTISAN DÉCORATEUR Papiers peints, peinture, moquette. Px. compétitifs.
Tél: 45.43.21.16.

MAÇON Tous travaux de rénovation et de bâtiment. Exécution immédiate.
Tél: 42.16.08.11.

Which, if any, of the above telephone numbers would you advise the following people to ring?

(i) La douche de Madame Leclerc ne marche pas bien.
(ii) La voiture de Monsieur Philippe est tombée en panne.
(iii) Madame Blanc veut faire transporter un piano chez une amie.
(iv) La machine à laver de Monsieur Robert ne marche pas.
(v) Madame Simon veut une nouvelle porte d'entrée.

Et moi, je voudrais être . . . ▼

«Je voudrais être dessinatrice publicitaire. J'ai toujours été forte en dessin à l'école, et le travail me plairait énormément» SYLVIE

«J'aimerais bien devenir garde forestier parce que j'habite un petit village et j'adore la vie à la campagne» JEAN-PIERRE

«Moi, je serai opératrice sur ordinateur. Les ordinateurs et les micro-processeurs deviennent de plus en plus importants en ce moment» MARIE

«Je travaillerai comme cuisinier . . . dans la région au début, puis dans un grand restaurant à Paris peut-être!» CHRISTOPHE

«Je continuerai mes études pour être éducateur sportif. Je suis passionné par le sport et pour moi, ce serait idéal» LUC

«J'espère trouver une situation comme speakerine à la télévision. Ce serait formidable d'être célèbre!» ISABELLE

1 Which jobs do the above people say they would like to do, and why?

▷ Using their replies to help you, briefly explain which job you would eventually like to do and why you would choose it.

Vos problèmes ▼

JOB À LA CARTE
★ ★ ★ ★ ★ ★ ★ ★ ★ ★ ★ ★ ★ ★

— **Pourrais-tu me dire si je peux trouver du travail cet été? J'ai quatorze ans et je voudrais me faire un peu d'argent de poche. Maman dit que je suis trop jeune. Est-ce vrai?** — Blondine *(Nancy)*

— Chère Blondine, Je comprends que tu voudrais te faire un peu d'argent de poche mais ta maman a raison quand elle dit qu'à quatorze ans tu es trop jeune. En fait il faut avoir seize ans si on veut travailler plus de trente-neuf heures par semaine. Cependant, il est possible entre quatorze et seize ans de trouver des petits jobs. On peut faire du babysitting, laver des voitures ou même vendre des boissons fraîches sur la plage. Demande à la mairie de ta ville s'il existe du travail réservé aux jeunes pendant les vacances. Mais attention, ne t'y prends pas trop tard car, en général, les places sont très recherchées . . . Bonne chance!

1 What are the restrictions regarding jobs that apply when you are:
(i) fourteen years old?
(ii) sixteen years old?

2 Which three jobs are suggested in the reply?

3 Why should she go along to the town hall?

4 Which piece of advice is Blondine given?

marché de l'emploi

demandes

● Garde du corps, discret et sûr, ceinture noire et entraîneur de karaté, secouriste, spécialiste en réanimation, permis moto et auto, **assure protection rapprochée enfants, personnes âgées, etc.** contre salaire en rapport. Tél. 81 88 09 36

● J.F. 22 ans, bonne présentation cherche **place au sein d'une agence de voyage** + possibilité aide publicitaire. tél. mercredi toute la journée et week-end, jamais après 18h30 en semaine tél. 83 98 62 20

● Cherche **emploi femme de ménage** ou femme de service, même en remplacement pour l'après-midi tél. 83 30 13 17 le matin.

● Secrétaire médicale **bonne presentation** cherche **travail** accepte toutes propositions tél. 83 36 78 30 apr. 20h

● Jeune homme sérieux recherche **tout travail jardinage** aide déménagement autres tél. 83 32 89 52 heures des repas.

● JF CHERCHE à garder enfants chez elle à Tinqueux. Tél. 26.04.14.98.

● J.F. sér. ayant 20 ans, CHERCHE à faire ménage, courses, etc. chez pers. âgée. Tél. 26.06.71.73.

● J.F. 21 ans, CHERCHE place stable dans magasin vêtements ou autre, sur Reims. Tél. le matin au 26.58.92.08.

● Etudiants ! **Vous voulez gagner de l'argent** et vous aimez la vente tél. 83 35 04 58 de 16 à 18 heures.

● Apprentie coiffeuse cherche **modèles femme** pour coupes et brushing à Tomblaine tél. 83 21 27 92

● Cherche **infirmière de nuit** pour garder malade tél. 83 53 14 40 de préférence la matin sur Vandoeuvre.

● Recherche **4 dames dynamiques**, ambitieuse pour devenir conseillère en diététique et esthétique Naturelle pour renseignement tél. la journée plus dimanche matin au 29 87 96 74 ou après 19 heures au 83 55 41 51

offres

● Cherche **femme au foyer**, disposant de quelques demi-journées de libres par semaine, voiture indispensable, aimer marcher, distribution de journeaux et imprimés publicitaires dans les boîtes aux lettres tél. 83 32 80 17 de 14 à 16 heures.

● CHERCHE JF quartier St-Remi, Barbâtre, pour garder enfant 4 ans, du 18 au 29 août. Tél. 26.85.64.30 ap. 18 h.

● CHERCHE pers. pour soigner couple âgé, 18 km Nord Reims, logée, nourrie. Ecrire CANAL 802.599.

● Société parfums cosm. recherche **distributeurs (trices)** pour extension réseau commercial travail indépendant, temps partiel

1 In the list of *demandes*, which of the following types of work are being asked for?

cleaning lady   postman   bodyguard
gardener   hairdresser   electrician

2 Who in the *demandes* section wants to work in the afternoons?

3 In the list of *offres*, which of the following jobs are being offered?

beauty consultant   secretary   salesperson   nurse
policeman   home help   hairdresser

4 Who in the *offres* section is required for night work?

5 Can you match up any of the people who require work with the jobs that are being offered?

Apprenez le métier

* *

EMPLOYE(E) DE PHARMACIE

Aidez le pharmacien dans ses nombreuses fonctions : vente des médicaments, des produits d'hygiène et de beauté, préparation des ordonnances...

LANGUES VIVANTES

Une langue peut s'apprendre en 6 mois. Alors, si vous avez du temps libre, apprenez l'anglais, l'allemand, l'espagnol (initiation ou perfectionnement). COURS SUR DISQUES OU CASSETTES.

EMPLOYE(E) DE BANQUE

Sans diplôme, ni expérience professionnelle, accédez à un emploi stable, sérieux et bien payé.

ANIMATEUR(RICE) CLUBS DE VACANCES

Assurez l'animation des vacanciers en organisant leurs activités : jeux, promenades, soirées... Des contacts agréables, un cadre de travail idéal.

TECHNICIEN(NE)

Vous aimez la chimie, la biologie, les sciences ? La recherche médicale vous attire ? Préparez le B.T.S. analyses biologiques.

INFIRMIER(E)

Vous voulez soigner, rassurer aider les autres : devenez infirmière et soyez assurée de votre emploi pour l'avenir. (Prép. examen d'entrée dans les écoles).

HOTESSE DE L'AIR

Pour que votre rêve devienne réalité, préparez-vous activement aux tests et entretiens organisés par les compagnies aériennes (niveau bac nécessaire).

ASSISTANT(E) VETERINAIRE

Vous aimez les animaux et souhaitez travailler auprès d'eux. Assistez le vétérinaire dans les soins qu'il leur apporte.

TOILETTEUR(SE) DE CHIENS

Apprenez à mettre en valeur la beauté des formes du chien et de son poil. Donnez-lui l'aspect conforme aux normes de sa race.

The above advertisement outlines areas of work for people who want to train for a career.

1 Which courses are available for the following?
   (i)   People who like animals
   (ii) People who like children
   (iii) People who are good at science
   (iv) People who like helping others
   (v)   People who want to travel

2 According to the advertisement, what are the advantages of working in a bank?

3 If you work in a chemist's shop, what sort of jobs will you be expected to help with?

4 How long will it take to learn a foreign language on a course? Which languages are offered and how will you learn them?

5 Why are there letters in brackets after most of the headings in the advertisements?

✶ ✶ ✶ ✶ ✶ ✶ ✶ ✶ ✶ ✶ ✶ ✶ ✶ *La publicité* ✶ ✶ ✶ ✶ ✶ ✶ ✶ ✶ ✶ ✶ ✶ ✶ ✶

Now that you have completed the topic, see how much of the above advertisements you can understand.

★ Which jobs are being offered and what sort of people are required?
★ Are the jobs being offered open to males and females?
★ Which jobs are being sought by people writing to the newspaper?

Food and drink

RESTAURANTS

RESTAURANT · PIANO-BAR INTERNATIONAL
LE RAGTIME
DEJEUNERS - DINERS - SOUPERS
(Ouvert jusqu'à 2 h du matin)

*Nouvelle Carte Déjeuner - Nouvelle Formule
Banc de Coquillages - Fruits de Mer*

GLACIER - SALON DE THÉ
1, La Croisette (face au Nouveau Palais) Tél. **93.68.47.10**

HOTEL
GRAY D'ALBION
★ ★ ★ ★ LUXE

LE ROYAL GRAY - Restaurant Gastronomique

LES 4 SAISONS - Spécialités régionales et Libanaises
Formule : *"Autour d'un plat"* : **85 F**

38, rue des Serbes - CANNES - Tél. 93 68 54 54

Nouvelle Direction ## L'ENTRECOTE *Ouvert midi et soir*

Restaurant au centre de Cannes, près les plages et de
la Croisette, un cadre 1930 de 150 couverts - climatisé
Tous les soirs AMBIANCE PIANO des années folles
Une terrasse d'été

NOS FORMULES Menu Parisien 59 F snc.   Sa carte, sa
Steack Lucullus 72 F snc.   Cascade de desserts

21, Rue Frères Pradignac - **Tél. 93.39.59.91**

LE JANE'S
SOIRÉES CHICS OU SOIRÉES CHOCS

*Vous adorerez dîner au JANE'S, le seul restaurant
"soirées intégrales" dès 20 h - C'est super !*
Excellente cuisine, cadre somptueux avec, en plus,
une consommation gratuite* à la discothèque
pour chaque dîneur. Menu - Carte Bistrot : **165 F T.T.C.**
Consommation discothèque : Semaine 55 F — Week-end : 75 F
38, rue des Serbes - Cannes (à côté du Gray d'Albion)
Tél. 93 99 04 94
1ère Consommation offerte par le restaurant

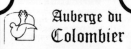
Auberge du Colombier

Restaurant Gastronomique
★ Terrasse dominant la vallée du Bastion
HÔTEL ★ ★ ★ NN avec 15 chambres,
T.V. couleur - Salle de conférence
Banquets et réceptions

TENNIS, PISCINE dans le parc
GOLF et équitation à proximité
ROQUEFORT-LES-PINS
(à 20 km de Cannes)
Tél. 93.77.10.27

Restaurant
LE MADELEINE
*Spécialités de poissons frais
Vue sur les Iles de Lérins
et l'Estérel*

**13, Bd Jean Hibert
CANNES** (bord de mer)
Tél. 93 39 72 22

---

*Bernard vous reçoit tous les soirs pour Diner
dans son nouveau cadre Louis XVI*

"Le Flamant Rose"

Menu 120 Frs et carte

4, Place Gambetta - Cannes - Rés. 93 38 43 62

(à 20 mètres de la rue d'Antibes) PARKING ASSURE

---

1 Which of the above restaurants:
   (i)   serve food which is not French?
   (ii) specialise in seafood?
   (iii) provide entertainment?
   (iv) have facilities for large parties?
   (v)   offer hotel facilities?

▷ Make up a restaurant advertisement of
your own in French, using the above
examples to help you. You will need a
good French name for your restaurant, an
address, and details of opening times,
specialities on the menu, and perhaps
prices.

On casse la croûte ▼

nouveau

JET LUNCH – SANDWICHERIE
LE REPAS MINUTE POUR LES GENS PRESSÉS
OUVERT LUNDI – SAMEDI DE 10H à 18H

Pâté	10F	Thon	14F
Jambon beurre	13F	Gruyère	12F
Camembert	12F	Saucisson Sec	12F
Crudités	10F	Steak	15F
Rosbif	14F	Frites	10F

PRESENTEZ CE BON A JET LUNCH POUR RECEVOIR
UN CAFE GRATUIT AVEC VOTRE SANDWICH

1 Which of the *Jet Lunch* sandwiches would be suitable for someone who did not eat meat?
2 When is the *Jet Lunch* open?
3 Why should you take the advertisement along to *Jet Lunch*?

Attention aux kilos! ▼

BON POUR LA LIGNE	Calories	MAUVAIS POUR LA LIGNE	Calories
Blanc de poulet (100 g)	105	Banana Split	310
Champignons (100 g)	30	Cacahuètes salées (20 g)	120
Crevettes (100 g)	95	Calissons d'Aix (1)	80
Eau gazeuse	0 !	Chocolat : un rocher	160
Framboises, groseilles, mûres... (100 g)	30-40	Crème fraîche (1 bonne cuillerée à soupe)	80
Fromage blanc maigre (180 g)	72	Croissant (1)	180
Fromage fondu 20 % M.G. (1 portion)	30	Croque-Monsieur (1)	402
Germes de soja (100 g)	37	Eclair au chocolat (1)	255
Haricots verts, épinards (100 g)	25-35	Frites (1 cornet)	360
Huîtres (1 douzaine 1/2)	80	Mayonnaise (1 bonne cuillerée à soupe)	150
Jus de tomate (150 ml)	30	Miel (1 bonne cuillerée à soupe)	75
Kiwi (2 = 100 g)	50	Milk Shake (1)	280
Lait écrémé	36	Mousse au chocolat (125 g)	240
Lapin (chair maigre, 100 g)	140	Pastis (1)	110
Melon, pastèque (100 g)	40	Rillettes (40 g)	190
Œuf dur (1)	80	Saucisson sec (40 g)	160
Pamplemousse (1/2 = 150 g)	60	Schweppes (1)	100
Radis, salade verte (100 g)	20	Tartine beurrée (1)	175
Truite (100 g net)	95	Verre de Beaujolais (1)	105
Yaourt nature (1)	55	Whisky (1)	110

1 Read the above lists and classify the following as 'fattening' or 'non-fattening' types of food:
mushrooms cream wine chicken rabbit
peanuts chips trout sausage hard-boiled eggs
2 Which two foods from the lists are most fattening and which two are least fattening?
3 Apart from actual weights (100 g, 150 ml, etc.), which measures are used in the list?
4 Add your own examples of food (in French!) to the above lists of *bon pour la ligne* and *mauvais pour la ligne*.

47

Link them up ▼

Link the French phrases from the box on the right with the correct
English translation below.

1 Can I have the menu please?	L'addition s'il vous plaît.
2 For a starter, I will have . . .	Comme plat principal, je voudrais . . .
3 It's tasty.	Passez-moi le sel.
4 Some more vegetables?	Comme boisson, un verre de rouge.
5 For the main course I would like . . .	On va prendre le plat du jour.
6 I will have a glass of red wine to drink.	Comme entrée je prends . . .
7 We'll have the dish of the day.	On peut avoir du pain?
8 The bill please.	Encore des légumes?
9 Pass me the salt.	C'est délicieux.
10 Can we have some bread?	La carte s'il vous plaît.

▷ Use the above phrases to help you with the following:
 – Ask someone to pass you the bread . . . the wine . . . the vegetables
 – Ask if you can have some chips . . . some cheese
 – Say you would like a bottle of wine . . . a glass of beer
 – Say you would like some chicken . . . some fish, for the main course

LE CHEF VOUS PROPOSE

The chef's suggestions below have been mixed up. They should list seven
starters, seven main courses and seven desserts. Sort out the confusion
by listing the dishes under the correct heading.

ENTREES	PLATS PRINCIPAUX	DESSERTS
Pâtisserié	Potage du jour	Pâté de campagne
Steak au poivre	Truite à la crème	Poulet rôti
Salade de tomates	Crème caramel	Bifteck grillé
Salade de fruits	Œuf mayonnaise	Mousse au chocolat
Côte de porc	Glace à la fraise	Yaourt
Tarte aux pommes	Canard à l'orange	Escalope de veau
Jambon de Paris	Escargots de Bourgogne	Charcuterie

A la pizzeria ▼

☆ ☆ ☆ ☆ ☆ ☆ ☆ ☆ ☆ ☆ ☆ ☆ ☆ ☆ ☆ ☆ ☆

LE CHALET

OUVERT TOUS LES JOURS
MIDI ET SOIR

RESTAURANT PIZZERIA

PIZZAS

QUATRE SAISONS 30.00
tomates, jambon, olives, fromage,
artichaut, poivrons, champignons

PESCATORE 32.00
aux fruits de mer

SPECIALE 34.00
tomates, fromage, œuf, crème,
jambon, anchois

CANTALA 28.00
tomates, oignons, fromage, œuf,

ENTREES

SALADE VERTE 10.00

SALADE MIXTE 15.50
salade de saison, tomates

SALADE NIÇOISE 23.00
crudités de saison, thon, œuf dur,
olives

CRUDITES DE SAISON 17.00

SALADE CALIFORNIA 27.50
maïs, poulet, tomates,
mayonnaise au curry

SALADE ALSACIENNE 23.00
gruyère, tomates, cornichons,
saucisson

VIANDES

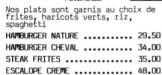

Nos plats sont garnis au choix de
frites, haricots verts, riz,
spaghetti

HAMBURGER NATURE 29.50

HAMBURGER CHEVAL 34.00

STEAK FRITES 35.00

ESCALOPE CREME 48.00

DESSERTS

GLACE TOUS PARFUMS (3 boules) 14.00

POIRE BELLE HELENE 24.00
glace vanille, poire, sauce chocolat, chantilly

LE TOUT FRAMBOISE 28.00
sorbet framboise, alcool de framboise, framboises au
sirop, chantilly

DAME BLANCHE 23.50
glace vanille, meringue, chocolat, chantilly

COUPE EXOTIQUE 33.00
passion, kiwi, mangue, cocktail exotique, liqueur,
chantilly

BANANA SPLIT 30.00
glace vanille, chocolat, banane, chantilly

ARC-EN-CIEL 31.00
glace pistache, malaga, citron, cocktail de fruits,
chantilly

CREME CARAMEL 13.00

VINS DE FRANCE

BLANC - ROUGE - ROSE 12° .... ¼ ltr   8.00

COTES DE PROVENCE rosé - rouge .... btle 40.00

COTES DE PROVENCE rosé .... ½ btle 24.00

BEAUJOLAIS .... ½ btle 34.00   btle 59.00

COTES DU RHONE 44.00

SANS ALCOOL

PERRIER .... 25 cl   8.00

EAU MINERALE .... 25 cl   6.50

JUS DE FRUIT - COCA 9.50

ORANGINA - SCHWEPPES - GINI 9.50

CITRON PRESSE 12.00

EXPRESSO 4.00

☆ ☆ ☆ ☆ ☆ ☆ ☆ ☆ ☆ ☆ ☆ ☆ ☆ ☆ ☆ ☆ ☆ ☆ ☆   SERVICE 13% COMPRIS ☆ ☆ ☆ ☆ ☆ ☆ ☆

1 When is the restaurant open?
2 Which of the pizzas and starters would be suitable for a vegetarian?
3 What would you recommend for someone who likes seafood?
4 What is served with the meat dishes?
5 What are the two types of hamburger on the menu?
6 Which types of fruit are included in the *coupe exotique*?
7 Which hot drink is served?
8 Is a service charge included in the menu prices?

9 How much would you pay for a meal consisting of the following:

1 four seasons pizza
1 steak and chips
1 green salad

1 raspberry sundae dessert
1 half bottle of rosé wine

▷ With a partner, practise dialogues between a customer and a waiter in a restaurant. Order from the menu using the phrases from the 'Link them up' exercise on the previous page to help you.

L'addition, s'il vous plaît ▼

```
TABLE NUMERO 13          DATE  SAM.03 FEV 88

                La Tartine
           Centre St. Sebastien 54000 NANCY
                Téléphone: 83.34.94.10

   QUANTITE      DESIGNATION          PRIX

   1 ENTREE      OEUFS MAYONNAISE    15,00
   1 PLAT        POULET FRITES       30,00
   PRINCIPAL
   1 DESSERT     TARTE AUX POMMES    10,00
   1 VIN         BLANC 1/4           12,00
   1 BOISSON     CAFE                 4,00

                         TOTAL .. 71,00

   MERCI DE VOTRE VISITE – A BIENTOT –
```

1 What is the date of the bill?
2 What has been ordered according to the bill?
3 What is the message at the bottom of the bill?
4 Imagine that you have been given this bill by mistake and that this is not what you ordered. Explain to your partner that there is a mistake and explain what you did order.

J'ai commandé   I ordered
Je n'ai pas commandé   I did not order

Role play

Au café (1)

– *Oui Monsieur/Mademoiselle?*
  Say that you would like a white coffee.
– *C'est tout?*
  Ask if they have any sandwiches.
– *Oui, on a des sandwichs variés.*
  Say that you would like a ham sandwich.

Au café (2)

– *Oui Monsieur/Mademoiselle?*
  Say that you would like an orange juice.
– *Très bien.*
  Ask for a slice of cake.
– *Je regrette . . . il n'y en a plus.*
  Ask for an ice cream.
– *C'est tout?*
  Say that is all and ask how much that costs.

Au restaurant (1)

– *Vous voulez commander Monsieur/Mademoiselle?*
  Say yes, as a starter you would like a green salad.
– *Et comme plat principal?*
  Say that you would like some chicken with chips and some cheese.
– *Vous voulez boire quelque chose?*
  Say that you would like a bottle of white wine.

Au restaurant (2)

  Call the waiter.
– *Oui Monsieur/Mademoiselle?*
  Ask if they have any mustard.
– *Oui Monsieur/Mademoiselle.*
  Ask if you can have a glass of water.
– *Tout de suite.*

Vos remarques ▼

Pour un service encore meilleur...

 faites nous vos remarques

J'ai bien mangé aujourd'hui. L'entrée était très bonne et il y avait un choix impressionnant de plats principaux. D'ailleurs, le gâteau au chocolat était délicieux ! Bien fait.

Merci.

Le 19 décembre 1988 à 13 heures

Nom : DEBRIENNE , LUC
(en caractères d'imprimerie s.v.p.)

Adresse : 24 PLACE DE LA POSTE
(en caractère d'imprimerie s.v.p.)

Code postal 2 1 0 0 0 Ville DIJON

Téléphone 2 4 8 0 3 6 1

(A placer dans la boîte spéciale ou à adresser CASINO · Boîte postale 306
24, rue de la Montat · 42008 Saint-Etienne Cedex 2)

2 Un four micro-ondes au self pour les clients – impeccable ! Plus de plats refroidis.

3 J'aimerais plus de choix de plats étrangers si possible... des pizzas, du curry, etc...

4 J'attends mon steak minute depuis un quart d'heure.

5 Félicitations, le nouveau self "Casino" m'a beaucoup impressionné, surtout le décor.

6 Serait-il possible de vendre des demi-bouteilles de vin au self ?

7 Enfin, un choix de plats végétariens - je reviendrai !

8 il n'y a plus de pain au self ! Imaginez un repas français sans pain - impossible !

9 Encore des frites ! Ça fait une semaine qu'on ne mange que ça ! Il y a d'autres légumes vous savez.

10 Où est ma salade alors ?

The above comments have all been made by people who have eaten in the self-service restaurant. Which of the following categories do they come under?

(i)   Favourable comments
(ii) Complaints
(iii) Suggestions for improving the service

Give reasons for your answers.

51

Vous voulez maigrir? ▼

● **QUELLES SONT VOS HABITUDES ALIMENTAIRES ?**
● **Petit déjeuner :**
ENTOUREZ votre petit déjeuner habituel (un seul choix)
Prenez-vous :   Ricorée
Thé   Chicorée
Thé au lait   Chicorée au lait
Café   Chocolat
Café au lait   Tisane

                                    Oui Non
Prenez-vous un jus de fruit .... ☐ ☐
Ajoutez vous du sucre dans
votre boisson .... ☐ ☐
Mangez-vous du pain .... ☐ ☐
Des biscottes ou autres .... ☐ ☐
Du beurre .... ☐ ☐
De la confiture .... ☐ ☐
Faites-vous plutôt un petit déjeuner à l'anglaise avec du jambon, des œufs, du fromage, etc. .... ☐ ☐

● **Les autres repas**
Prenez-vous le repas de midi
Chez vous .... ☐ ☐
Au restaurant (self ou café) .. ☐ ☐
Une cantine d'entreprise ...... ☐ ☐
Dans un fast food .... ☐ ☐
Prenez-vous le repas du soir
Chez vous .... ☐ ☐
Chez des amis ou au
restaurant .... ☐ ☐
● **Entre les repas**
Est-ce que vous grignotez ..... ☐ ☐
Buvez-vous de l'alcool
(vin, apéritif, bière, etc.) .... ☐ ☐
Si oui :
Parfois .... ☐ ; Souvent .... ☐

Buvez-vous des boissons sucrées (sodas, jus de fruits, etc.) ...... ☐ ☐
Si oui :
Parfois .... ☐ ; Souvent .... ☐

● **Aux repas de midi et du soir**
Prenez-vous :
Du pain ou des biscottes .... ☐ ☐
Du vin .... ☐ ☐
Un dessert sucré .... ☐ ☐
Une entrée sous forme de
charcuterie .... ☐ ☐
Sautez-vous souvent des repas ☐ ☐

● **VOS GOUTS ALIMENTAIRES ?**
Mangez-vous régulièrement
de la viande .... ☐ ☐
Aimez-vous la viande de
cheval .... ☐ ☐
Aimez-vous les abats (foie, cœur, rognons, ris de veau) .... ☐ ☐
Aimez-vous les volailles .... ☐ ☐
Aimez-vous le gibier .... ☐ ☐
Aimez-vous le fromage blanc ☐ ☐
Les yaourts .... ☐ ☐
Mangez-vous régulièrement
des légumes .... ☐ ☐
ENTOUREZ ce que vous aimez :
Endives, salsifis, poivrons, aubergines, courgettes, bettes, choux, choux-fleurs, choux de Bruxelles, haricots verts, asperges, fenouil, céleri, navets, carottes, tomates.
Aimez-vous les œufs .... ☐ ☐
Aimez-vous le poisson .... ☐ ☐
Aimez-vous les huîtres et les
coquillages .... ☐ ☐
Aimez-vous les fromages ..... ☐ ☐
Aimez-vous les fruits .... ☐ ☐

1 How would you fill in this questionnaire to give details of your own eating habits and your likes and dislikes?

2 With a partner, practise talking about the food you like and dislike. The following phrases will help you:

J'adore . . .
J'aime bien . . .
Je n'aime pas . . .
Je déteste . . .

A vous maintenant ▼

ENTREES	
SALADE DE TOMATES	10.00f
SARDINES A L'HUILE	10.00f
PIZZA	20.00f
CROQUE MONSIEUR	14.00f
PLATS	
FRITES	10.00f
STEACK FRITES	27.00f
ESCALOPE FRITES	30.00f
ENTRECOTE FRITES	35.00f
TOURNEDOS POMMES NOISETTES	35.00f
SAUCISSES FRITES	24.00f
JAMBON DE PARIS FRITES	24.00f
RAVIOLIS	24.00f
CASSOULET	24.00f
FROMAGES	
CAMEMBERT	10.00f
GRUYERE	10.00f
DESSERTS	
TARTE	12.00f
GLACE AU CHOIX	15.00f
VINS	
COTE DU RHONE 50 CL	24.00f
COTE DU RHONE 25 CL	12.00f
ROSE DE PROVENCE 50 CL	24.00f
ROUGE 25 CL	6.50f
ROUGE 50 CL	13.00f
DEMI VITTEL	10.00f
PRIX NETS	

1 Imagine that you are with a party of people that do not speak French and you have to order for them from the menu opposite. What will you ask for, given the following?
(i) One person wants some Italian food
(ii) One person wants something typically French
(iii) One person wants something English!
(iv) One person just wants a snack
Don't forget to order them something to drink with their meal!

2 The menu has *Prix Nets* written at the bottom. Explain this and the following:
(i) service 15% non compris
(ii) menu touristique
(iii) prix à partir de 60F
(iv) pâtisseries maison
(v) plat du jour
(vi) vin compris

Les recettes . . . Les recettes . . . Les recettes . . . Les recettes . . . ▼

SEL   HUILE   VINAIGRE DE VIN   CRÈME FRAÎCHE   JAUNES D'OEUF

MOUTARDE   POIVRE   FARINE   PERSIL   AIL

How many of the recipe ingredients can you name?

SANDWICH OMELETTE

Prévoir: petits pains ronds, œufs, herbes variées, laitue, sauce tomate.
Faites cuire une omelette traditionnelle; laissez-la refroidir. Tartinez les petits pains avec du beurre aux fines herbes. Posez une feuille de laitue puis une part d'omelette. Enfin, recouvrez celle-ci de sauce tomate. Voilà un sandwich délicieux!
Mangez-le à midi . . . ou quand vous avez faim.
Bon appétit!

True or false?

The omelette sandwich . . .
(i)   is made with a French stick.
(ii) is eaten cold.
(iii) is made with lettuce.
(iv) makes an ideal lunch.

---

1 Does this recipe require any cooking?
2 What is the preparation time?
3 What sort of advice has the chef given in the recipe?
4 Read the recipe for *salade colmarienne* and find the French for the following instructions:

  (i)   wash   (v)   prepare
  (ii) peel   (vi)   stir
  (iii) cut   (vii) serve
  (iv) pour   (viii) grate

▷ Use the instructions in 4 above to write a simple recipe of your own in French.

LES FICHES-CUISINE —— RESTAURANT

Salade colmarienne

Pour 6 personnes :
1 salade verte de saison
2 oignons
1 cervelas
300 g de gruyère
huile, vinaigre
moutarde
sel, poivre
Préparation : 20 mn
Pas de cuisson

LE CONSEIL DU CHEF : Michel Dionnet, du restaurant Chez Jenny, à Paris, vous recommande de boire un riesling avec cette entrée.

 Épluchez, lavez et essorez bien la salade.
Ôtez la peau du cervelas, détaillez-le en rondelles.
Épluchez les oignons, coupez-les en rondelles fines.
Râpez le gruyère, dressez le tout dans un saladier.
Préparez une vinaigrette classique bien moutardée, versez sur la salade.
Apportez sur la table. Remuez devant les convives et servez.

LES MILK-SHAKES

Banana Flip : 1 yaourt nature, 1 banane, 1 jaune d'œuf, le jus d'1 orange, 1 cuillerée à soupe de sucre, 1 verre de lait, 2 glaçons.
Milk-shake kiwi-menthe : 1 boule de glace à la vanille, 1 kiwi, 2 cuillerées à soupe de sirop de menthe, 1 verre de lait, 2 glaçons.
Milk-shake à la fraise : 1 yaourt nature, 15 cl de lait, 125 g de fraises, 2 cuillerées à soupe de gelée de groseilles, 2 glaçons.
Pour réussir un milk-shake, placer tous les ingrédients dans le bol du mixer. Faites bien mousser.

Use the milk-shake recipes opposite to help you write out the following in French:

Milk-shake Mississippi
Two scoops of vanilla ice-cream, one banana, one soup spoon of strawberry syrup, one glass of milk, two ice cubes

LA FRANCE, PAYS DU FROMAGE

1 How many varieties of cheese are there in France?
2 What are the reasons given for this number of cheeses?
3 How has progress in the cheese industry benefited the consumer?
4 What does the article tell us about a group of 27 cheeses?

▷ Write a short passage in English giving hints and suggestions for presenting cheese on a cheese-board using the information given in the article.

La variété des pâturages et des espèces animales, la multiplicité des procédés de fabrication, ont donné naissance, au fil des siècles, aux 300 fromages français appréciés dans le monde entier.

De nos jours, 1 200 000 tonnes de fromages sont fabriquées chaque année en France, premier producteur de la CEE. La fromagerie française a su évoluer du stade familial et artisanal au stade industriel. Les progrès technologiques de cette industrie, par la recherche et l'innovation, donnent aux consommateurs de fromages français les meilleures garanties d'hygiène et de qualité.

Parmi ces fromages, 27 ont droit, comme les grands vins, à l'«appellation d'origine contrôlée».

A chaque fromage, sa découpe ; une découpe qui ne laisse pas la croûte au dégustateur suivant et qui facilite la conservation ultérieure.
Vous découperez :

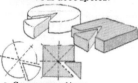

● Comme un gâteau, les fromages à pâte molle, ronds ou carrés,

● En deux, les petits fromages de chèvre,
● En pointe, les portions de Brie,

● En portions, les fromages pyramidaux ou coniques,
● En lamelles fines, les parts de Fourme,

● En biseau, les portions de Bleu.

Un beau plateau de fromages est à la fois un plaisir des yeux et un plaisir gourmand.

● Présentez vos fromages sur un plateau avec un ou deux couteaux, l'un pour les fromages doux, l'autre pour les fromages plus forts.
● Disposez-les en cercle, selon leur degré de saveur, du plus doux au plus fort.

FROMAGES DE FRANCE

Les boissons ▼

Découvrez les grands crus naturels

En temps normal, votre corps a besoin d'au moins 1,5 l de liquide par jour. Lorsqu'il fait chaud, ou lorsque vous pratiquez un sport, vous pouvez consommer plus de 2 litres. Mais que peut-on boire ?

Le lait :
nourrissant et rafraîchissant

Il vous apporte le calcium qui vous est, ainsi qu'à vos enfants, indispensable. Demi-écrémé ou écrémé, le lait est tout à fait digeste. Mélangé à de la pulpe de fruits bien mûrs (abricot, fraise, framboise, banane, par exemple) il est délicieux et rafraîchissant.

Les jus de fruits :
naturels et pleins de vitamines

Préférez, c'est la saison, les jus de fruits frais à ceux préparés industriellement. Leur goût est plus naturel, ils apportent beaucoup de vitamines et moins de sucre.
Faites des mélanges en ajoutant quelques fruits frais à un jus de fruit pressé :

jus de pamplemousse et fraises, jus d'orange et grains de cassis ou de groseilles...
Vous pouvez aussi préparer des cocktails : un jus de fruit, des fruits frais coupés en morceaux, des feuilles de menthe et des rondelles de citron.

Les infusions :
originales et désaltérantes

Il existe des dizaines de recettes de thés glacés et d'infusions froides ou chaudes, toutes très désaltérantes. En voici quelques-unes toutes simples :
– thé à la menthe ou au citron : servir glacé et peu sucré si vous voulez qu'il soit rafraîchissant
– infusion de thym pour faciliter la digestion

1 When does your body most need liquid?
2 Why should people drink milk?
3 Which serving suggestions are made for milk?
4 Why should you drink fresh, home-made fruit juice rather than buy it from a shop?
5 Which serving suggestions are made for fruit juices?
6 What are *infusions*? Give an example.
7 Are *infusions* drunk hot or cold?

A votre santé

The label from your wine bottle should tell you a lot about what is inside the bottle. How much information can you gather from the two labels opposite?

What do the following tell you?
(i)   *mis en bouteille au château*
(ii) *vin grand cru*
(iii) *vin de table*
(iv) *appellation contrôlée*
(v)   *champagne rosé*
(vi) *maison fondée en 1836*

55

On mange . . . . . en vitesse ▼

LA RESTAURATION

1 - LE BAR

Dans chaque rame, le bar est ouvert pendant toute la durée du trajet. Ce bar offre aux voyageurs des deux classes : ● des plats simples chauds et froids ● des sandwichs ● des boissons chaudes et froides.

2 - LA RESTAURATION A LA PLACE EN Iᵉ CLASSE

Un service à la place est assuré dans les voitures Iᵉ classe réservées à la restauration de tous les TGV circulant aux heures habituelles des repas.

Ce service propose :
● le matin, un petit déjeuner,
● à midi et le soir un menu complet avec choix entre plat du jour chaud ou froid ou une grillade.

Les menus sont souvent renouvelés à l'intention des voyageurs se déplaçant fréquemment en TGV.

Réservez votre repas dans ces voitures en même temps que votre place.

Cette réservation vous est d'autant plus conseillée que ce service peut n'être assuré que dans l'une des rames de certains TGV composés d'une rame double ; il est alors proposé des plateaux-repas froids sans réservation dans la deuxième rame.

3 - LA RESTAURATION EN 2ᵉ CLASSE

Un service de plateau-repas froid, ainsi qu'une gamme de produits variés (buns - tartelettes - boissons chaudes et froides) est proposée dans les voitures de 2ᵉ classe de certains TGV, sans réservation.

Which of the following statements about eating on the TGV are true?

1 The bar on the train is open for the whole of the journey.
2 The bar is for 1st and 2nd class passengers.
3 Sandwiches are the only type of food sold at the bar.
4 Restaurant facilities are available for 1st and 2nd class passengers.
5 Lunch and dinner are set meals.
6 Menus on TGV trains are changed frequently.
7 You can reserve your meal in advance.
8 Cold buffet meals are available as an alternative to hot meals.

On s'écrit ▼

Chère Sue,

Merci pour la carte d'anniversaire et l'argent! Je vais m'acheter un disque. Pour fêter mon anniversaire je suis sortie avec mes parents et nous sommes allés à un petit restaurant en ville. C'était formidable! Comme entrée, moi j'ai commandé du pâté, comme plat principal j'ai choisi un steak avec des frites et des légumes et comme dessert j'ai pris un morceau de gâteau. En plus, nous avons bu du champagne avec le gâteau! Je me suis bien amusée! Ecris-moi vite.

A bientôt

Marie.

▷ Use the above letter to help you write an account of a meal you have eaten in a restaurant, a burger bar, etc.

Role play . . . La cuisine

Make up answers to the following questions and practise the role play either with a partner or other members of your class. In each case the start of the answer is given for you.

1 Quel est ton plat préféré?
   – Je préfère . . .
2 Quelle est ta boisson préférée?
   – J'aime bien boire . . .
3 Qu'est-ce que tu n'aimes pas manger?
   – Je ne mange jamais de . . .
4 Qu'est-ce que tu manges au petit déjeuner?
   – Au petit déjeuner je prends . . .
5 Et à midi, qu'est-ce que tu manges d'habitude?
   – D'habitude je prends . . .
6 Tu préfères la viande, les légumes, les fruits ou les sucreries?
   – Moi, personnellement, j'aime mieux . . .
7 Si tu as faim entre les repas, qu'est-ce que tu manges?
   – Je mange . . .
8 Qui fait la cuisine chez toi?
   – A la maison c'est . . . . . qui fait la cuisine
9 Qu'est-ce que tu sais préparer comme repas?
   – Je sais préparer . . .
10 Parle-moi un peu d'un repas que tu as mangé au restaurant.
   – Au restaurant j'ai mangé . . .

✶ ✶ ✶ ✶ ✶ ✶ ✶ ✶ ✶ ✶ ✶ ✶ ✶ ✶ *La publicité* ✶ ✶ ✶ ✶ ✶ ✶ ✶ ✶ ✶ ✶ ✶ ✶ ✶ ✶

LE CIEL DE PARIS

Le restaurant au 56ᵉ étage
de la tour Montparnasse

"Le Jade" RESTAURANT CHINOIS
Mme LIEOU TRAN NGOC ANH
3, rue de l'Union - CHERBOURG - Tél. 43.11.92

OUVERT LE DIMANCHE

AMBASSADE D'AUVERGNE

GRANDE CUISINE RÉGIONALE ET TRADITIONNELLE
VINS DE PAYS, GRANDS CRUS

ENTRE LE CENTRE BEAUBOURG ET LE MARAIS

22, RUE DU GRENIER SAINT-LAZARE
75003 PARIS – (1) 42.72.31.22
PARKING FACE RESTAURANT
SALONS A PARTIR DE 10 PERSONNES

MENU A 40f S.C

3 ENTREES AU CHOIX
- SALADE DE TOMATES
- RILLETTES
- PATE DE CAMPAGNE

3 PLATS AU CHOIX
- STEAK FRITES
- JAMBON FRITES
- SAUCISSES FRITES

TARTE OU FROMAGE
BOISSONS EN SUPPLEMENT

L'HERMITAGE
HÔTEL . RESTAURANT
Maison DUHAMEL

spécialités de fruits de mer

FACE AU PORT ·· **50270** BARNEVILLE - CARTERET
OUVERT TOUTE L'ANNEE   *Fermé le mercredi*   (33) 54.96.29

Restaurant
Paradiso
Spécialités Italiennes
Pâtes faites à la main
1ᵉʳ étage
26-28, rue de Paradis 75010 PARIS
Tél. : 770.78.88
Fermé samedi soir et dimanche

**flunch**
Le Restaurant Liberté
9 bis, rue Maurice Barrès - NANCY

– Ouvert tous les jours de 11 h à 22 h.
– Salon de thé et service brasserie de 14 h 30 à 18 h 00
– Menu enfant gratuit tous les mardis soirs.

Le Guillaume Tell
Spécialités de poissons et crustacés
Bouillabaisse, bourride
Déjeuners d'affaires - Dîners
111, av. de Villiers - 75017 Paris
(Place Pereire)
Tél. : 622.28.72
Banc d'huîtres - Fermé samedi midi
et dimanche - Parking

Now that you have completed the topic, see how much of the above advertisements you can understand.

★ Which details are given about opening times and the facilities available?
★ What is being celebrated at the *Ciel de Paris* and what do you get for 700F?
★ What do you get, and not get, for 40F?
★ Which restaurants sell food that is not French and what is the special offer advertised at the *Flunch*?

Getting there

Pardon, pour aller . . .? ▼

```
                    LEGENDE
   1  Complexe Sportif      11  Maison des Sports
   2  Bibliothèque          12  Gare SNCF
   3  Théâtre               13  Hôpital
   4  Stade Municipal       14  Centre Culturel
   5  Château-Musée         15  Auberge de Jeunesse
   6  Commissariat          16  Casino
   7  Douane                17  P. et T.
   8  Syndicat d'Initiative  18  Cathédrale
   9  Piscine Municipale    19  Jardin public
  10  Hôtel de Ville        20  Camping Municipal
```

On the left is the key to a town plan. Which number on the map would you look for if you wanted:

(i)   to go for a swim?
(ii) to get some leaflets about the town?
(iii) to catch a train?
(iv) to post a letter?
(v)   to report that you have lost your passport?

▷ Would you be able to ask where places are if you were on holiday?

e.g. *Pour aller au stade/à la banque/à l'épicerie . . .?*

Using the examples and the key to help you, how would you ask your way:

(i) to the park?   (iii) to the youth hostel?
(ii) to the library?   (iv) to the castle?

Paris en car ▼

PARIS – PANORAMA

CAR À AIR CONDITIONNÉ

PARIS DEMI-JOURNÉE
09.30	PARIS DÉCOUVERTE 3h	**140F**
09.30	PARIS HISTORIQUE	**100F**
13.30	PARIS MODERNE	**100F**
13.30	LOUVRE ET TRÉSORS PARISIENS	**195F**
13.30	SEINORAMA	**185F**
09.30	PARIS JOURNÉE AVEC REPAS	**270F**

ENVIRONS
09.30	VERSAILLES	**160F**
13.30	CHÂTEAU DE VINCENNES	**195F**

LE SOIR
20.30	ILLUMINATIONS DE PARIS	**110F**
20.00	DÎNER, BATEAU & SPECTACLE	**935F**

1 Which of the *Paris-Panaroma* coach tours would you recommend for the following?
  (i)   People who have never been to Paris before
  (ii) People who want to go on a boat trip in the course of their tour
  (iii) People who are interested in art
  (iv) People who want to go on a day-long tour
  (v)   People who want to go out to celebrate

C'est quelle direction? ▼

Link up the French directions below with the correct translation from the box.

1 *Traversez la rue* . . .

2 *Allez tout droit* . . .

3 *Tournez à gauche* . . .

4 *Prenez la première rue* . . .

5 *Passez devant* . . .

6 *Continuez encore un peu* . . .

7 *Allez jusqu'aux feux* . . .

8 *Suivez la route* . . .

9 *Vous verrez* . . .

10 *Tournez à droite* . . .

Take the first street . . .

Go past . . .

Turn right . . .

Cross the street . . .

You will see . . .

Turn left . . .

Follow the road . . .

Go straight on . . .

Carry on a little further . . .

Go as far as the lights . . .

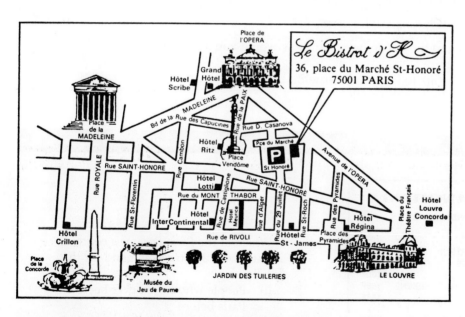

▷ Use the above directions to tell someone how to get from the Hotel InterContinental to the Bistrot d'H.

Role play . . . En ville

Try out the following dialogues with a partner.

Say excuse me and ask where is the post office please.
– *Allez tout droit et tournez à gauche au rond-point.*
Ask if it's nearby.
– *Non, c'est à deux cents mètres d'ici.*
Say thank you and goodbye.

– *Je cherche la piscine, Monsieur/Mademoiselle.*
Say take the first street on the right, go as far as the lights, and the swimming pool is on your left.
– *C'est loin?*
Say no, it's five minutes from here.

Ask where the youth hostel is.
– *C'est assez loin, de l'autre côté de la ville.*
Ask if you can catch a bus.
– *Oui, prenez l'autobus numéro huit.*
Ask where the bus stop is.
– *En face.*
Say thank you and goodbye.

– *Pour aller au syndicat d'initiative, s'il vous plaît?*
Say straight ahead, take the second street on the left and the tourist office is opposite the cinema.
– *C'est loin?*
Say no, it is about 400 metres.

Avez-vous compris? ▼

What do the following road signs mean?

1 | **TOUTES DIRECTIONS**

2 | **ROUTE BARREE**

3 | **AUTOROUTE**

4 | **DEFENSE DE STATIONNER**

5 | **ATTENTION TRAVAUX**

6 | **TAXIS – TETE DE STATION**

7 | **GARE ROUTIERE**

8 | **VIEILLE VILLE**

9 | **PASSAGE PIETONS**

10 | **SORTIE D'ECOLE ATTENTION ENFANTS**

SNCF Tourisme ▼

LA GRANDE-BRETAGNE

UTILISEZ LA FORMULE
TRAIN + BATEAU
OU
TRAIN + AÉROGLISSEUR
de Paris à Londres

Achetez un billet à prix réduit, **uniquement en 2ᵉ classe.**

Pour un voyage de nuit :

		Prix trajet simple
Train + bateau	du 1ᵉʳ Juin au 30 Sept.	les autres mois
— via Dieppe	240 F	220 F

Pour un voyage de jour :

		Prix aller et retour obligatoire
Train + bateau	du 1ᵉʳ Juin au 30 Sept.	les autres mois
— via Dieppe	470 F	430 F
— via Calais ou Boulogne	490 F	450 F
Train + aéroglisseur		
— Via Boulogne	540 F	500 F

Votre voyage aller et retour devra s'effectuer dans un délai maximum de 5 jours.

Renseignez-vous dans les gares.

True or false?

1 Reduced fares apply only to second class travel.
2 Reduced fares apply only to return fares.
3 Night ferries travel via Dieppe.
4 It is cheaper to travel in June than in August.
5 It is cheaper to travel via Calais than Boulogne.
6 There is no time limit regarding the length of your stay.

Which (if any) of the trains below would be suitable for the following passengers who bought tickets through the *SNCF Tourisme* advertisement above and are returning to London?

1 A person who has a night train ticket
2 A person who has a train/ferry ticket via Calais
3 A person who has a train/hovercraft ticket via Boulogne
4 A person who has a train/ferry ticket via Dieppe

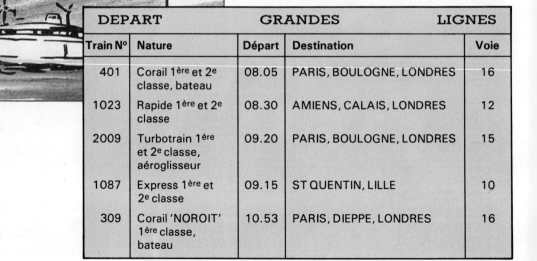

Train Nº	Nature	Départ	Destination	Voie
401	Corail 1ᵉʳᵉ et 2ᵉ classe, bateau	08.05	PARIS, BOULOGNE, LONDRES	16
1023	Rapide 1ᵉʳᵉ et 2ᵉ classe	08.30	AMIENS, CALAIS, LONDRES	12
2009	Turbotrain 1ᵉʳᵉ et 2ᵉ classe, aéroglisseur	09.20	PARIS, BOULOGNE, LONDRES	15
1087	Express 1ᵉʳᵉ et 2ᵉ classe	09.15	ST QUENTIN, LILLE	10
309	Corail 'NOROIT' 1ᵉʳᵉ classe, bateau	10.53	PARIS, DIEPPE, LONDRES	16

DEPART GRANDES LIGNES

Gare à gare ▼

Services offerts dans les gares

Centre de renseignements téléphonés
45.82.50.50 (de 8 heures à 22 heures).

	Réservation	Facilités pour handicapés	Parcotrain	Location de voitures	Liaison par autocar SNCF	Taxis	Taxis-radio	Buffet	Change
Austerlitz	45.65.60.60	●	●	●	●	●	●	●	●
Bercy	45.65.60.60	●			●	●		●	
Est	45.65.60.60	●	●	●	●	●		●	●
Gare de Lyon	45.65.60.60	●	●	●	●	●	●	●	●
Montparnasse	45.65.60.60	●	●	●	●	●	●	●	●
Nord	45.65.60.60	●	●	●	●	●	●	●	●
St-Lazare	45.65.60.60	●	●	●	●	●	●	●	●

A Paris-Austerlitz, Paris-Est, Paris-Gare de Lyon, Paris-Nord, l'Office du Tourisme de Paris assure un service d'information touristique et de réservation hôtelière.

Parcotrain

parc de stationnement payant pour automobiles, de courte et longue durée.

Taxis-radio

Pour le service d'appel de taxis-radio, il est délivré à la gare d'arrivée un "bon taxi" contre paiement de la somme de 15 F. Cette somme, non déductible du prix de la course, couvre les frais de mise à disposition et le prix du parcours d'approche. La taxe spéciale de prise en charge en gare ne doit pas être perçue par le chauffeur de taxi.

Autocars SNCF

liaisons inter-gares
tarif au 27 septembre 1987
– 15 F
– 7 F ● pour les enfants de 4 à moins de 12 ans ;
    ● les militaires (hommes de troupe) ;
    ● les chiens tenus en laisse.

1 Which number should you telephone for information about trains?
2 Which service is offered by Paris-Austerlitz, Paris-Est, Paris Gare de Lyon and Paris-Nord that is not available at the other stations?
3 What is *Parcotrain*?
4 When does the 7F reduced fare apply on an *autocar SNCF*?

A la gare ▼

? ORIENTATION ?

↑
Départ, Billets Banlieue
Arrivée Grandes Lignes
Salle d'Attente
Sortie

←
Billets Grandes Lignes
Billets Internationaux
Accès Métro
Bagages-Consigne
Change
Office de Tourisme
Point argent

→
Bureau des Objets Trouvés
Distributeur de Télécartes
S.O.S. Voyageurs
Location de voitures
Horaires
Départ Grandes Lignes

1 Would you go left, right or straight on for the following?
   (i)   the Underground
   (ii) the left-luggage desk
   (iii) the exit
   (iv) the departure area for main-line trains
   (v) the waiting-room
   (vi) the train timetables

2 Which way would you go if you couldn't find the information you wanted?

Formule train + hôtel ▼

Pour en savoir plus sur
Train + Hôtel

*Information et vente dans les gares
et les agences de voyages Frantour-Tourisme SNCF.*

TRAIN + HÔTEL, formule idéale pour la clientèle individuelle, convient également aux groupes constitués. Il est alors possible d'ajouter des prestations annexes : transferts, excursions, repas, etc. Prix communiqués sur simple demande.

TRAIN + HÔTEL, c'est 39 destinations en France et à l'Étranger pour vos affaires, vos loisirs ou vos vacances.

Un bon conseil de TRAIN + HÔTEL : nos disponibilités de places n'étant pas illimitées, inscrivez-vous le plus tôt possible.

1 Where can you find out about *Train + Hôtel* travel?

2 Where does the scheme operate?

3 Which extras can be booked?

4 What are you advised to do?

5 What sort of person, or persons, is this type of travel aimed at? Give reasons for your answer.

En route ▼

How well could you cope with the signs and notices in the metro? What do the following mean?

> **ATTENTION – LA FERMETURE DES PORTES EST AUTOMATIQUE**

> **CORRESPONDANCE**

> **DEFENSE DE FUMER**

> **SURVEILLEZ VOS BAGAGES GARDEZ-LES AVEC VOUS.**
> **– par mesure de sécurité tout objet abandonné peut être immédiatement détruit par les services spécialisés**

> **CONSERVEZ VOTRE BILLET JUSQU'A LA SORTIE**

> **TRANSPORT DES ANIMAUX – à l'exception des chiens guides d'aveugles, seuls sont admis dans le métro les animaux de petite taille *à condition qu'ils soient placés dans des sacs ou paniers***

> **PREMIERE CLASSE**

> **DEFENSE ABSOLUE D'OUVRIR LES PORTES AVANT L'ARRET**

Link them up ▼

Link up the French phrases with the correct English translations.

1 *Un aller simple pour Nice s'il vous plaît.*	What time does the train leave?
2 *C'est quel quai s'il vous plaît?*	Is this seat taken?
3 *Pardon, où est le guichet?*	When is there a train for Nice?
4 *Le train part à quelle heure?*	A single to Nice please.
5 *C'est direct?*	Do you have a train timetable?
6 *Un aller-retour pour Nice s'il vous plaît.*	Which platform is it please?
7 *Cette place est occupée?*	Stamp your ticket.
8 *Avez-vous un horaire des trains?*	Do I have to change trains?
9 *Compostez votre billet.*	A return ticket for Nice please.
10 *Quand est-ce qu'il y a un train pour Nice?*	Excuse me, where is the ticket office?

▷ Use the above phrases to help you write a short dialogue taking place
at a station ticket office. Practise the conversation with a partner.

A l'aéroport ▼

TARIFS PARIS-LONDRES

	Aller	Aller/Retour
EXECUTIVE	FFR. 1.180	FFR. 2.360
ECONOMIQUE	FFR. 935	FFR. 1.870
EXCURSION «PEX VISITE» sur tous les vols		FFR. 1.435
EXCURSION «SUPERPEX VACANCES» du 1" novembre au 30 juin sur vols désignés		FFR 970

PARIS-LONDRES:
BR 881 - Vendredi
BR 885 et 889 - Lundi au vendredi
BR 895 - Lundi et jeudi

Applicable sur tous les vols samedi et dimanche

LONDRES-PARIS: Lundi à vendredi
BR 882 - BR 888 - BR 892 - BR 896

★ **AEROPORT DE PARIS - CH. DE GAULLE/ROISSY I**
Le transport par autocar est assuré de l'Etoile (angle de l'Avenue Carnot) et de la Porte Maillot toutes les 12 minutes au prix de FFR. 34.
Une liaison ferroviaire est assurée par la SNCF de la Gare du Nord et de la station RER du Châtelet toutes les 15 minutes.
Enregistrement des bagages: au Comptoir British Caledonian, Niveau Départ, Porte 18, au plus tard 20 minutes avant le décollage.
Carte d'enregistrement pour les passagers sans bagages: en Satellite N° 3, au plus tard 10 minutes avant l'heure du départ.

1 What is the cheapest Paris/London
return ticket that can be used on any
flight?
2 What are the two suggested means
of transport between Charles de
Gaulle airport and Paris?
3 When should you check in for your
flight?

Allez-y en bateau ▼

VEDETTES DE
PARIS ILE DE FRANCE
tél. (1) 47 05 71 29
départ pont de Iéna - MÉTRO : Bir-Hakeim
TRAIN : ligne Invalides Versailles, station Champ-de-Mars
PARKING GRATUIT

La traversée complète de Paris toute l'année.
Une heure de croisière commentée, départ toutes les 30 minutes.
Du 1er mai à octobre, tous les soirs à partir de 21 heures :
« CROISIERE DES ILLUMINATIONS ».
Enfants de moins de 10 ans : demi-tarif   **PRIX : 25 F**

1 Which of the following apply to the *Vedettes de Paris Ile de France?*
   (i) Car parking is provided.
   (ii) There are regular departures.
   (iii) The service operates all year round.
   (iv) There are reductions for groups.
   (v) Each trip lasts for thirty minutes.
   (vi) Children pay 12F50.

On se déplace ▼

Le Métro et L'Autobus: moyens les plus économiques. Il est avantageux d'acheter les tickets par carnets de 10.

La R.E.R. (Réseau Express Régional): traverse Paris et dessert la lointaine banlieue en quelques minutes.

Le Billet de Tourisme <Paris-Sésame> R.A.T.P.: valable 2, 4 ou 7 jours permet d'utiliser Métro, Autobus et R.E.R. pour un prix modique.

Les Autocars Panoramiques: circuits commentés en plusieurs langues
– **Cityrama**................................ Tél. 42.60.30.14
– **Paris Vision** .... Tél. 42.60.31.25

Les Bateaux Promenades: croisières sur la Seine commentées en plusieurs langues, avec:
– **Les Bateaux-Mouches**.......... Tél. 42.25.96.10
– **Les Vedettes de Paris**............ Tél. 47.05.71.29

Croisières commentées sur les canaux parisiens et la Seine avec:
– **Canauxrama**.......................... Tél. 46.24.86.16
– **Neptour** .... Tél. 47.72.32.32

Voitures avec chauffeur:
– **Executive Car**...................... Tél. 42.65.54.20

Location de Vélos:
– Paris vélo................................. Tél. 43.37.59.22

Les hélicoptères:
– **Héli-Promenade**: Circuits touristiques .... Tél. 46.34.16.18

The above guide details various transport possibilities for tourists in Paris. What would you recommend for the following people?

1 A person who is on a limited budget
2 A person who wants an extra-special trip around Paris and who has a lot of money
3 A person who wants to go on a coach tour
4 A person who wants to buy a travel pass that covers most types of transport

A la douane

DÉCLARATION EN DOUANE

A votre retour en France, vous devez déclarer les marchandises transportées et acquitter les droits et taxes correspondants au bureau de douane.
Toutefois, vous n'avez à acquitter ni droits ni taxes. sur les marchandises suivantes (achats ou cadeaux) :

Denrées et articles divers	Voyageurs en provenance de :	
	Pays membres de la CEE (1)	Autres pays (1)
1. TABACS		
cigarettes (unités) (2)	300	200
ou		
cigarillos (unités) (2)	150	100
ou		le double si vous habitez en dehors de l'Europe
cigares (unités) (2)	75	50
ou		
tabacs à fumer (grammes) (2) ...	400	250
2. BOISSONS ALCOOLIQUES		
vins tranquilles (2)	4 l	2 l
et		
soit boissons titrant plus de 22° (2)	1,5 l	1 l
soit boissons titrant 22° ou moins (2)	3 l	2 l
3. PARFUMS	75 g	50 g
4. EAUX DE TOILETTE	3/8 l	1/4 l
5. CAFÉ	750 g	500 g
ou		
extraits et essences de café	300 g	200 g
6. THÉ	150 g	100 g
ou		
extraits et essences de thé	60 g	40 g
7. AUTRES MARCHANDISES		
par voyageur âgé de 15 ans et plus	**2 000 FF**	**300 FF**
par voyageur âgé de moins de 15 ans	**400 FF**	**150 FF**

REMARQUES

(1) Les pays de la CEE (Marché Commun) sont : l'Allemagne Fédérale, la Belgique, le Danemark, la France, la République d'Irlande, l'Italie, le Luxembourg, les Pays-Bas, le Royaume-Uni, la Grèce, le Portugal et l'Espagne. Pour les îles anglo-normandes et l'île de Man un régime particulier est prévu.

(2) Les personnes âgées de moins de 17 ans ne sont autorisées à transporter ni tabac, ni boissons alcooliques.

les douanes françaises
vous souhaitent

bon voyage !

Given the customs regulations above, which of these people travelling from England to France are over the permitted limit?

1 A person with 200 cigarettes

2 A person with 3 litres of wine

3 A person with 2 litres of whisky

4 A 17-year-old with 2 litres of wine

5 A 16-year-old with 50 g of perfume

Role play . . . On prend le train

How well could you cope in the following situations? What would you say?

A la gare SNCF–au guichet

– *Oui Monsieur/Mademoiselle?*
  Say you would like a single, second class ticket to London.
– *Voilà.*
  Ask how much it costs.
– *Cent vingt francs s'il vous plaît.*
  Say thank you and goodbye.

– *Oui Monsieur/Mademoiselle.*
  Say that you would like a return ticket to Dijon.
– *Quelle classe?*
  Say that you would like a second class ticket.
– *Voilà.*
  Ask which platform it is.
– *Quai numéro trois.*

A la gare SNCF–au bureau des renseignements

– *Bonjour Monsieur/Mademoiselle.*
  Ask when there is a train for Lyon.
– *A deux heures.*
  Ask which platform it leaves from.
– *Quai numéro six.*
  Ask if there is a buffet car.
– *Oui, il y a aussi un mini-bar dans le train.*

– *Bonjour Monsieur/Mademoiselle.*
  Ask when the next train for Nancy leaves.
– *A trois heures et demie.*
  Ask if it is direct.
– *Non, il faut changer à Metz.*
  Ask how much a return ticket costs.

Dans le métro–au guichet

– *Oui Monsieur/Mademoiselle?*
  Ask for a book of tickets.
– *Voilà.*
  Ask how much that is.
– *Ça fait trente francs s'il vous plaît.*
  Say here you are . . . thank you . . . and goodbye.

Dans le métro–au bureau des renseignements

  Say excuse me, how do I get to the Arc de Triomphe.
– *Allez à Etoile.*
  Ask which direction this is.
– *Prenez la direction Nation.*
  Ask if you have to change.
– *Non, c'est direct.*

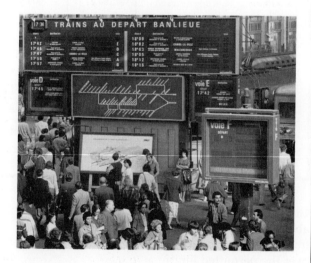

✶✶✶✶✶✶✶✶✶✶✶✶✶✶ *La publicité* ✶✶✶✶✶✶✶✶✶✶✶✶✶✶

Now that you have completed the topic, see how much of the above advertisements you can understand.

★ Which types of transport are being advertised?
★ Which prices are given?
★ What do Paris and Marseilles have in common?
★ Which special deal is advertised for travellers booking *Train + Hôtel*?

Liste des hôtels ▼

Hôtel Aramis ★★ NN (T, A, J, S, B, Vm)

Chambres rénovées en 88 et accessibles aux handicapés — à 200m de la plage — Parking privé pour voitures et planches à voile — toutes les chambres avec cabinet de toilette

Hôtel Ibis ★★★ NN (C, B, CC, V, Ta, T)

Salle de réception capacité 80 personnes — Chambres avec téléphone ligne directe — douches — W.C. privés — Télévision chaînes françaises et anglaises — parking privé — restaurant panoramique

Hôtel Bellevue ★★★★ NN (A, CC, J, B, Vm, V, Ta)

20 chambres grand confort — face au port — son restaurant — ses salons — sa terrasse fleurie — radio-réveil — toutes les chambres avec salle de bains et balcon

Abréviations

T :	Salon Télévision	S :	Sans restaurant
A :	Ascenseur	B :	Bar
C :	Chiens admis	Vm :	Vue sur mer
CC :	Chauffage central	V :	Veilleur de nuit
J :	Jardin	Ta :	Ouvert toute l'année

---

1 Which of the following statements are true for:
   a) the Aramis?   b) the Ibis?   c) the Bellevue?

(i) has a garden	(vi) has a television room
(ii) overlooks the sea	(vii) dogs are allowed
(iii) has a lift	(viii) has a night-watchman
(iv) has central heating	(ix) has a bar
(v) is open all year	(x) has a restaurant

▷ Using the hotel information in the above advertisements and on the next page, make up your own hotel advertisement giving details about the rooms, facilities, etc. Don't forget to give your hotel a good French name!

Monsieur, Madame . . .   ▼

Je serai à la Rochelle à Noël, du 24 au 27 décembre. Je cherche un petit hôtel pas loin du centre ville. J'ai un chien

Je serai à la Rochelle le week-end prochain. J'ai un problème, je me suis cassé la jambe, donc, j'ai du mal à marcher.

Je serai à la Rochelle au mois de mai. Il me faut un petit hôtel près de la plage...

Je voudrais réserver une chambre pour une semaine au mois de mai. Je vais fêter mon anniversaire de mariage donc il me faut un très bon hôtel....

Je voudrais réserver une chambre dans un hôtel. Je passerai une semaine à la Rochelle au mois de juin et il me faut un hôtel pas trop cher.

Quel hôtel recommandez-vous ?

Which of the following hotels is most suitable for each of the above people?

Hôtel-Restaurant « FRANCE II »	Hôtel-Restaurant « DU VIEUX BEFFROI »	Hôtel-Restaurant « LES FLOTS BLEUS »
★★★, 56 chambres Bar, Salon, Jardin, Ascenseur, Salle de jeux, Garage, Parking privé, Animaux admis Ouvert toute l'année	★★, 65 chambres Bar, Salon, Ascenseur, Animaux admis Ouvert toute l'année Situé au centre ville	★, 26 chambres Bar, Jardin, Animaux admis Fermeture du 1er décembre au 28 février
Hôtel-Restaurant « LE VERT MESNIL » ★★, 40 chambres Bar, Salon, Jardin, Ascenseur, Salle de jeux, Parking privé Animaux admis Ouvert toute l'année	**Hôtel « BELLEVUE »** ★★, 42 chambres Bar, Salon, Ascenseur, Garage, Animaux admis Ouvert toute l'année Situé au centre ville, à proximité de la plage	**Hôtel Grill « LE CAMPANILE »** ★★, 40 chambres Bar, Salon, Jardin, Animaux admis Ouvert toute l'année Situé à proximité du centre ville
Hôtel-Restaurant « WESTMINSTER » ★★★★, 145 chambres toutes avec salle de bains Salon, TV, Bar, Vidéo, etc. Parking privé, Animaux admis Fermeture du 15 novembre au 30 mars Situé à 50m du centre ville, à 100m du Palais des Congrès, à 500m de la plage	**Hôtel « MODERNE »** ★★, 40 chambres Bar, Salon, Ascenseur, Animaux admis Fermeture du 24 décembre au 31 décembre Situé au centre ville	**Hôtel « VICTORIA »** ★★, 15 chambres Salon, Animaux admis Ouvert toute l'année Situé au centre ville, à proximité de la plage

Votre chambre ▼

CHAMBRE SYNDICALE DES HOTELIERS, CAFETIERS, RESTAURATEURS, DE PARIS ET DE SA RÉGION
Siège Social : 41, rue Meslay — 75003 PARIS

HOTEL TOURISME

CATÉGORIE *1 ET* **NN - CHAMBRE N°** *22*

A la journée		Petit déjeuner	Majoration ou Service
1 PERS –	F. *100 F*	*P-déj. compris*	

N.-B. - Ces prix s'entendent pour un lit (1 ou 2 personnes).
La location va de Midi à Midi.

How much information can you extract from the hotel room notice on the left?

Fill in the blanks

Use the following words to complete the questions below:

étage vue combien compris pension réservé douche fiche petit-déjeuner admis

1 Avez-vous une chambre avec _____ ?
2 Est-ce que les chiens sont _____ ?
3 La chambre est à quel _____ ?
4 Voulez-vous remplir cette _____ s'il vous plaît?
5 Y a-t-il une chambre avec _____ sur mer?
6 Le _____ est servi dans la chambre?
7 Avez-vous _____ une chambre avec salle de bain?
8 C'est pour _____ de nuits, Monsieur?
9 Est-ce que le petit-déjeuner est _____ ?
10 C'est combien avec demi- _____ ?

HOTELS

▷ With a partner, use the above questions to form the basis of a dialogue at a hotel between a new customer and the hotel receptionist.

On s'écrit   ▼

> Monsieur,
> Je voudrais réserver une chambre avec douche ou cabinet de toilette pour les nuits du 7 au 21 mars – nous arriverons le 7 vers midi. Nous sommes deux personnes avec un enfant de trois ans, donc serait-il possible d'avoir un lit d'enfant dans la chambre? On aimerait bien une chambre avec vue sur mer et balcon si possible. Veuillez me confirmer la réservation et m'envoyer des renseignements. Y a-t-il une piscine à l'hôtel? Avez-vous une salle de télévision ou une salle de jeux? Je vous envoie une enveloppe avec mon adresse et un coupon réponse international.
> Je vous prie d'agréer, Monsieur, l'expression de mes sentiments distingués.

1 True or false?
  (i)   This person must have a shower in the room.
  (ii) There will be two people staying.
  (iii) They would like a room overlooking the sea.
  (iv) They will arrive at midday.
  (v)   They want half-board.
  (vi) They would like to know if there is a games room.

▷ Using the above letter as a model, write the following in French:

  You would like two rooms with bathrooms – there will be four people staying from the 6th to the 13th of August. Ask if there is a restaurant, have they got a bar, and how much is full-board. End the letter as above.

▷ Using the structures *Y a-t-il . . .?* (Is there/Are there . . .?) and *Avez-vous . . .?* (Have you got . . .?), list other questions that you could ask that are relevant for hotels, youth hostels and campsites.

  e.g. *Y a-t-il un salon/une alimentation/des lavabos, etc.?*
       Avez-vous une chambre/la clef, etc.?

UN GITE RURAL . . .

C'est une maison rurale, louée pendant les vacances à des familles. Les gîtes sont classés et le meilleur accueil est réservé aux touristes. Cette formule permet de retrouver le calme de la campagne et la vie paisible de ses habitants.

COMMENT LOUER UN GITE RURAL . . .

Pour chaque gîte, écrivez en précisant
– votre adresse et votre numéro de téléphone
– la composition de votre famille
– le nombre de lits souhaités (à une personne et à deux personnes)
– la période désirée (date d'arrivée et date de départ)
– la présence éventuelle d'un animal domestique

1 Imagine that you are helping someone to understand the passage about French *gîtes*. How would you describe a *gîte*? If they wanted to rent a *gîte*, what information would they need to send?

2 Which *gîte* or *gîtes* advertised below would be suitable for the following families?
(i) A family of four with a small child and a dog and who will need a washing machine
(ii) A family of three who want to fish and sail for a weekend and stay in a *gîte* on a farm
(iii) A family with four children who want to stay in a wooded area

LEGENDE
M – maison indépendante
gf – gîte à la ferme
wc – WC intérieurs
AP – gîte situé dans un immeuble

L – lit pour 2 personnes
l – lit pour 1 personne
lf – lit d'enfant
DC – divan convertible pour deux personnes

M VERNEUIL-PETIT - Capacité maxi : 7 personnes.

3 chambres (3 L - 1 lf), cuisine, frigo, séjour, salon, salle de bain, wc, machine à laver, chauffage central électrique, cheminée, TV garage, terrain, toute l'année, week-ends, animaux acceptés. **Loisirs :** tennis, équitation : 5 km, pêche, baignade, voile : 10 km.

M SAINT-MAURICE-SOUS-LES-COTES Capacité maxi : 4 personnes.

2 chambre (2 L), cuisine, frigo, séjour, salle d'eau, wc, chauffage électrique et au bois, rez-de-chaussée, garage, terrain clos, week-ends, animaux acceptés. **Loisirs :** forêt : 2 km, piscine, équitation, voile, tennis, pêche, golf : 10 km.

M MAUVAGES - Capacité maxi : 10 personnes.

3 chambres (4 L) cuisine, frigo, séjour, (1 DC), salle d'eau, wc, chauffage central fuel, cheminée, rez-de-chaussée, terrain clos, toute l'année, week-ends, animaux acceptés. **Loisirs :** forêt, pêche : sur place.

M gf PAGNY-LA-BLANCHE-CÔTE - Capacité maxi : 6 personnes.

2 chambres (2 L - 1 l - 1 lf) cuisine/séjour, frigo, salle d'eau, wc, chauffage électrique et fuel, garage, terrain clos, week-ends, animaux acceptés. **Loisirs :** forêt, pêche : sur place, tennis : 12 km.

gf EIX - Capacité maxi : 4 personnes.

2 chambres (1 L - 2 l) cuisine/séjour, frigo, salle d'eau, wc, chauffage central, abri, terrain clos, toute l'année, week-ends, animaux acceptés. **Loisirs :** forêt, pêche : 4 km, piscine, tennis, équitation, voile : 10 km.

M VILLECLOYE - Capacité maxi : 6 personnes.

2 chambres (2 L - 1 l - 1 lf) cuisine, frigo, séjour, salle d'eau, wc, chauffage électrique, garage, terrasse, terrain clos, toute l'année, week-ends. **Loisirs :** pêche : sur place, tennis, équitation : 2 km, baignade, voile : 12 km.

Bulletin de réservation ▼

GITES DE FRANCE

Nom ..... DUMAY ..... Prénom ..... SYLVAIN .....

Adresse .. 13 RUE VICTOR HUGO .....

..... DIJON   21 000 .....

Téléphone .. (80) 23 86 64 .....

Composition de la famille: adultes: ..... 2 ..... dont: ..... 1 ..... couples

garçons ..... 1 ..... âges ..... 6 ..... filles ..... 1 ..... âges ..... 4 .....

animaux ..... UN CHIEN .....

Dates: du samedi: ..... 04 AOUT 90 ..... 16h au samedi: ..... 11 AOUT 90 ... 10h

Souhaits: ..... 2 ..... chambres avec ..... 1 ..... lits 2 personnes

..... 2 ..... lits 1 personne ..... — ..... lits d'enfants de moins de 4 ans

Autres souhaits: DOUCHE, MACHINE A LAVER ET TERRASSE.

Date: ..... 13 - 6 - 90 ..... Signature ... *Sylvain Dumay* .....

1 How many people are in Monsieur Dumay's family?

2 What has he requested regarding the *gîte*?

▷ Imagine that you are going to France with your family and you want to hire a *gîte* for a fortnight. Which details about your own family and your requirements would you put on the form?

Role play

How well could you cope in the following situations? Practise the following role plays with a partner.

A l'hôtel (1)

– *Oui Monsieur/Mademoiselle?*
  Say that you would like a single room.
– *Très bien.*
  Say that you would like a room with a bathroom.
– *Pour combien de nuits?*
  Say for a week.

A l'hôtel (2)

– *Bonjour Monsieur/Mademoiselle.*
  Say that you would like a room for two people with a shower and toilet.
– *Très bien, alors chambre numéro vingt au deuxième étage.*
  Ask if there is a lift.
– *Oui, c'est à votre droite.*
  Ask at what time breakfast is served.
– *Entre sept heures et demie et neuf heures.*
  Say thank you.

LES AUBERGES DE JEUNESSE

Il y a plus de deux cents Auberges de Jeunesse en France. Elles sont implantées partout: dans les villes, à la campagne, à la montagne ou au bord de la mer. Elles sont ouvertes à tous: seul, avec des copains ou avec un groupe pour y passer une nuit . . . un weekend . . . des vacances. Une seule condition: être en possession de la carte d'adhérant F.U.A.J.

Les Auberges de Jeunesse ont été créées pour permettre aux jeunes de voyager économiquement et de rencontrer d'autres jeunes de tous les pays. Elles offrent toujours des chambres collectives ou petits dortoirs, installations sanitaires, salles à manger, salles de séjour, et souvent une cuisine individuelle. En plus d'un logement très économique, on peut y pratiquer de multiples activités sportives et culturelles, par exemple les randonnées, le cyclotourisme, le surf, la planche à voile, les stages de musique . . .

Les Auberges de Jeunesse sont ouvertes en général de 7h30 à 10h et de 17h à 22h l'hiver, et 23h l'été. Dans certaines le confort y est très appréciable — d'autres sont plus simples. Et nos amis les bêtes? Désolés, ils ne sont pas admis.

TARIFS

Catégorie A. de J.	30,00F	Petit déjeuner	9,50F
Catégorie A. de J. simple	26,00F	Déjeuner ou Dîner	31,50F
Catégorie A. de J. sous tentes	18,00F	Location draps/sacs de couchage (de 1 à 7 nuits)	11,000F

1 Where are the youth hostels situated?
2 Which condition is mentioned for people wishing to stay?
3 Which two reasons are given for the setting up of youth hostels?
4 Which five activities are mentioned?
5 What are the summer opening hours?
6 Can you stay with pets?
7 Explain the different categories of youth hostels.
8 How much would it cost to hire a sleeping bag for one night and for seven nights?

Jeu de définitions ▼

Match up the signs on the left with the correct definition on the right.
What would the signs be in English?

1 DOUCHES
2 ALIMENTATION
3 BUREAU D'ACCUEIL
4 POUBELLES
5 BLOC SANITAIRE
6 SALLE DE JEUX
7 SNACK
8 SALLE DE TELEVISION
9 PISCINE
10 BUVETTE

– on y prend un verre, par exemple une bière ou un Coca

– on y mange un hamburger, un croque-monsieur, etc.

– on s'y lave

– on y nage et plonge

– on y regarde les émissions comme *Deux Flics à Miami*

– c'est une sorte d'épicerie où on fait les courses

– on y joue au ping-pong, au flipper et au babyfoot

– on s'y présente en arrivant

– on y jette des bouteilles, des paquets, des boîtes, etc.

– on y trouve les W.C. et les lavabos

Au camping ▼

CAMPING DES DEUX PLAGES   TOURISME ★ ★ ★ ★
85270 ST HILAIRE, VENDEE –
TÉL (51) 54 38 80

CONTRAT DE RESERVATION

Nom .... Prénom ....

Adresse...

Réservation du .... au .... 19 ....

Adultes ....   Voiture ....

Enfants.....................................   Nombre de jours.................................

Emplacement(s) ....   Animaux...

(N.B. – LES EMPLACEMENTS DOIVENT ETRE LIBRES A MIDI)

Fait à SAINT HILAIRE le .... 19 .... Signature ....

BAR ......CREPERIE ......TENNIS ......MINI-GOLF ......VOLLEY-BALL ......SALLE-TELE ......PECHE ......

TERRAIN DE BOULES ..... ALIMENTATION ..... DOUCHES CHAUDES ....

If you wanted to book a place on a French campsite, you would need to complete a form similar to the one shown above.

1 Fill in the contract with the following details – you are staying from the 2nd to the 8th of June, there are four grown-ups, two children, two tents, two cars and you have a dog.
2 What must you do according to the contract?
3 What do you think the stars refer to?
4 List the attractions of the *Camping des Deux Plages.*

True or false

▼

Les activités mentionnées se situent dans un rayon de 5 km maximum						Tarifs journaliers Francs Français				■ à l'intérieur du camping Équip. Services								□ à l'extérieur du camping Activités Distractions									
Classement NN/anc. normes	COMMUNE · CODE POSTAL · BUREAU DISTRIBUTEUR Nom du terrain, adresse, téléphone	Nombre d'emplacements	Surface du terrain (ha)	Par personne	Par voiture	Par emplacement	Réservation	Animaux admis	Équip. spéc. hand. ph.	Location bungalows	Branch. caravane	Ravitaillement	Plats cuisinés	Dépôt de gaz	Dépôt de glace	Restaurant	Rivière ou lac	Jeux pour enfants	Pêche	Sports nautiques	Piscine	Tennis	Dates d'ouverture		
**	SAINT-JULIEN-DU-SAULT 89330 Camping municipal, route de Villevallier, tél. 86.63.22.58	50	1,00	4,30	2,40	3,70	●	●		■	□	□	■	□	■	□	■	■	●	■		□ 15.VI/15.IX		
ANC	SAINT-LÉGER-SOUS-BEUVRAY 71990 Aire naturelle de camping « La Boutière », tél. 85.82.53.00 ou 85.82.55.16										RENSEIGNEMENTS NON COMMUNIQUÉS													
**	SAINT-MORE 89270 VERMENTON Camping municipal, Mme Jacqueline CHEVALIER, tél. 86.33.45.03	32	0,60	6,10	3,40	3,40		●		■	□		□	■	□	■		□				□ 1.V/30.IX		
*	SAINT-NIZIER-SUR-ARROUX 71190 ÉTANG-SUR-ARROUX Camping municipal de la plage, tél. 85.54.28.25	60	5,00	3,50	–	3,70	●	●	●	■	■	■	■	■	■	■	■	■	■	■		1.V/31.IX		
**	SAINT-PÈRE-SOUS-VÉZELAY 89450 Camping municipal, tél. 86.33.26.62	60	1,00	5,55	2,85	2,85	●	●		■	□		□	■	□	■	□	■	■	■		□ Pâques/30.IX		
***	SAINT-PÉREUSE-EN-MORVAN 58110 CHATILLON-EN-BAZOIS Castel Camping caravaning Bezolle, M. LEQUIME, tél. 86.84.42.55	50	8,00	–		●	●	●			■	■	■	■	■	■	■	□	□	■	■	15.XII/12.XI		
**	SAINT-PIERRE-LE-MOUTIER 58240 Camping municipal, route Courbelon, tél. 86.37.42.09	40	1,00	4,15	–	6,00	●	●		■				□		■		□				■ 15.VI/15.IX		
**	SAINT-POINT 71630 TRAMAYES Camping du Lac « Saint-Point Lamartine », tél. 85.50.52.31	100	23	–	–	35	●	●		■	□	■	■	■	■	■	■	■	■	■		□ 1.IV/31.X		

1 The *Saint-More* is the smallest of the campsites.
2 The *Saint-Père-sous-Vézelay* is the most expensive.
3 The *Saint-Pierre-le-Moutier* has the fewest facilities.
4 The *Saint-Nizier-sur-Arroux* has the greatest number of facilities.
5 The *Saint-Père-sous-Vézelay* opens at Easter.
6 Most of the campsites are near to a river or a lake.
7 The *Saint-Point* is the largest of the campsites.
8 Animals are admitted to all campsites.

Role play

How well could you cope with the following situations? Practise the following role plays with a partner.

Au camping (1)

– *Oui Monsieur/Mademoiselle?*
Say that you would like to camp for three nights.
– *C'est pour combien de personnes?*
Say that it is for two people.
– *Très bien.*
Ask if there is a shop on the campsite.
– *Oui, à côté des douches.*

Au camping (2)

– *Oui Monsieur/Mademoiselle?*
Say that you would like to camp for a week.
– *C'est pour combien de personnes?*
Say that it is for three people and that you have a car.
– *Bon alors . . . emplacement numéro quinze.*
Ask where this is.
– *Tournez à droite et c'est devant le court de tennis.*
Say thank you.

★ ★ ★ ★ ★ ★ ★ ★ ★ ★ ★ ★ ★ *La publicité* ★ ★ ★ ★ ★ ★ ★ ★ ★ ★ ★ ★ ★

Now that you have completed the topic, how much of the above advertisements can you understand?

★ What facilities does the gîte offer?
★ Where is the *Hôtel Concorde* situated?
★ Which leisure facilities are available at the holiday village?
★ Why would the *Hôtel Frantour* be ideal for people travelling by train?
★ When is the *Hôtel Aramis* closed?

Holiday time

A la plage: Sur la Côte d'Azur ▼

Les plages du Bd J. Hibert et du Midi

A	OKEY-BEACH	Restaurant, bar, solarium, ping-pong
B	MIDI-PLAGE	Restaurant fruits de mer, pédalos, plage familiale
C	RIVIERA BEACH	Pizzeria, leçons de natation, ski nautique
D	NEW AZUR PLAGE	Restaurant, menu touristique, mini-boutique
E	BELLE PLAGE	Bar, restaurant (carte et menu)
F	BLUE BEACH	Crêperie, initiation plongée sous-marine, promenades en bateau à voile
G	WAIKIKI PLAGE	Buvette self, aire de jeux, animateur, pétanque
H	PLAGE DES SPORTS	Planche à voile, sorties en mer, mini-golf, bar, hamburgers
I	LES SABLES D'OR	Restaurant, bar, repos, détente, ambiance

Which beach (or beaches) advertised above would be best for the following holidaymakers?

1 People who want to learn to swim
2 People who want a quick meal
3 People who have children
4 People who want to go diving
5 People who want to take a trip in a boat
6 People who want to simply relax and take it easy

. . . Et en Bretagne ▼

BRETAGNE COTE D'EMERAUDE
★
— SAINT-MALO, Cité Corsaire —
LA TOUR « La Générale »
Les Remparts — Le Bassin Vauban

38 + 8084

Chère Marie,
Salut ! Bien arrivé en Bretagne. Me voici au
bord de la mer à St. Malo. Il fait bien chaud.
La plage est formidable – j'y vais tous les jours.
Le camping est très bien – il y a même des
courts de tennis. Le matin je fais le touriste.
L'après-midi je me bronze sur la plage, et
le soir je vais en ville avec des copains –
c'est super ! Je m'amuse bien. A la
semaine prochaine,
          Je t'embrasse
               Luc

MARIE MALDANT

21 RUE DE PARIS

21000 DIJON

▷ Write a postcard of your own using Luc's to help you. Imagine that
you too are at the seaside and include phrases such as 'arrived
safely . . .', 'here I am at . . .', 'having a good time . . .', etc and give
details of your daily routine.

Est-ce que je peux avoir . . .? ▼

Below are the titles of leaflets available for tourists from tourist offices:

LISTE DES EXCURSIONS EN CAR

PLAN DE LA VILLE ET CIRCUITS TOURISTIQUES

HORAIRE DES TRAINS ET DES AUTOBUS

RESTAURATION – GASTRONOMIE

LISTE DES HOTELS

CARTE DE LA REGION

LES ACTIVITES DE LOISIRS

LES MONUMENTS HISTORIQUES

LES SENTIERS DE PROMENADE

What is in each leaflet, and what, in
French, would the following people
ask for at the tourist office?

1 A person who is interested in sport
2 A person who wants to go on trips
3 A person who wants to go touring
4 A person who likes walking

81

Fiche-info ▼

ASSOCIATION POUR LE DEVELOPPEMENT DU TOURISME

Amis touristes et vacanciers! Afin de mieux répondre à vos souhaits, nous vous remercions de bien vouloir remplir ce questionnaire.

1. D'OU VENEZ-VOUS?
– pays ....
– région ou
  département . *NORMANDIE* ....

2. CONNAISSEZ-VOUS NOTRE REGION?   OUI ☑   NON ☐

SI OUI, COMMENT L'AVEZ-VOUS CONNUE?
– parents, amis, relations ☐   – dépliants touristiques ☑
– presse, télévision ☐   – autres ☐

3. ETES-VOUS...?
– de passage ☐
  OU
– en vacances ☑   dans notre région?

4. POUR COMBIEN DE TEMPS?
– une journée ☐   – un weekend ☐
– moins d'une semaine ☐   – une semaine ☐
– une quinzaine ☑   – un mois ☐

5. POURQUOI VENEZ-VOUS CHEZ NOUS?
– passage ☐   – circuits touristiques ☐
– repos, calme ☐   – gastronomie ☐
– paysage ☑   – distractions ☑
– vacances actives ☐   – autres ☐
  (sport, vélo)

6. QUEL HEBERGEMENT AVEZ-VOUS CHOISI?
– hôtel ☐   – gîte rural ☑
– camping ☐   – résidence secondaire ☐
– caravanning ☐   – parents, amis ☐
– chambre d'hôte ☐   – autres ☐

7. ETES-VOUS SATISFAIT DE L'ACCUEIL REÇU LORS DE VOTRE SEJOUR?

	OUI	NON
– au niveau de votre hébergement	☑	☐
– au niveau du Syndicat d'initiative	☑	☐
– au niveau du commerce local	☐	☑
– de la population en général	☑	☐

MERCI DE VOTRE AIDE ET A BIENTOT!

1 What sort of person is the questionnaire opposite aimed at?
2 Give brief details of the person who filled in the questionnaire.
3 Which boxes would be filled in by a person from Brittany going to the
   area to spend a fortnight relaxing with friends, who is especially
   interested in the local food, and who likes everything about the area?
4 How would you have filled in the above questionnaire to give details of
   a holiday which you have spent?

A l'Office de Tourisme ▼

BIENVENUE A DIJON!

– Son lac	– Sa cuisine
– Sa cathédrale	– Son palais
– Ses vins	– Ses musées

L'office de tourisme est heureux de vous accueillir et vous souhaite la bienvenue. Dès à présent, nos services sont à votre disposition pour préparer votre séjour. L'office de tourisme vous propose:
– des réservations hôtelières gratuites sur place
– l'organisation de tous séjours collectifs ou individuels
– la préparation des circuits touristiques et gastronomiques
– des visites guidées de la ville

Merci d'avoir choisi DIJON et BON SEJOUR!

SOMMAIRE

1 Which attractions are listed at the top of this page from the Dijon
   guide-book?
2 What will the tourist office organise for you?
3 Which page of the guide-book would you have to turn to in order to
   find out about the following?
   (i)   hotels in the area   (iv) entertainment
   (ii) hiring a car   (v) wine tasting
   (iii) accommodation for young people (vi) night clubs

▷ Use the above page to help you design a leaflet, in French, for the
   tourist office of your town or area. Suggest what tourists could do,
   using the following expressions:
   Visitez . . . Allez voir . . . Goûtez (taste) *. . . Achetez . . .* etc.

Role play . . . Au syndicat d'initiative

Try out the following dialogues with a partner:

– *Oui Monsieur/Mademoiselle?*
Say you would like some leaflets about the area please.
– *Certainement . . . voilà.*
Ask for a plan of the city centre.
– *Je regrette, je n'en ai plus.*
Say thank you and goodbye.

– *Oui Monsieur/Mademoiselle?*
Ask what time the castle opens.
– *A partir de dix heures.*
Ask if it is far.
– *Vous en avez pour dix minutes en autobus.*
Ask for a bus timetable.
– *Voilà, et bon séjour.*

– *Oui Monsieur/Mademoiselle?*
Ask if they have a list of hotels and campsites.
– *Voilà, c'est tout?*
Say no, you would also like a map of the area.
– *Bien sûr.*
Ask how much that is.
– *C'est gratuit Monsieur/Mademoiselle.*

Hôtel-club ▼

★ ★ ★ ★ ★ ★ ★ ★ ★ ★ ★ **HOTEL-CLUB** ★ ★ ★ ★ ★ ★ ★ ★ ★ ★ ★

POURQUOI CHOISIR HOTEL-CLUB POUR DES 'VACANCES RELAX'?
VOICI SEIZE RAISONS!!!

NOTRE FORFAIT HOTEL-CLUB COMPREND . . .

★ *un hôtel de luxe*
★ *le cocktail de 'bienvenue' lors de votre arrivée*
★ *un moniteur de sport pour la gymnastique matinale*
★ *des dîners spectacles*
★ *une piscine chauffée*
★ *un solarium*
★ *l'animation nocturne*
★ *la pension complète*

★ *une aire de jeux réservée aux enfants*
★ *un quart de vin midi et soir*
★ *une très belle plage de sable fin*
★ *des activités sportives*
★ *une discothèque*
★ *un service de 'garderie d'enfants'*
★ *l'élection de Miss Hôtel-Club*
★ *la soirée d'adieu organisée par notre animateur*

◆◆◆◆ *POUR DES VACANCES REUSSIES, VARIEES ET JOYEUSES . . . CHOISISSEZ 'HOTEL-CLUB'*

1 Which of the following are offered in the *forfait Hôtel-Club*?

a play area   a heated pool   a farewell cocktail
evening entertainment   sports competitions
all of your wine   morning exercise   half-board

A la découverte de Paris! ▼

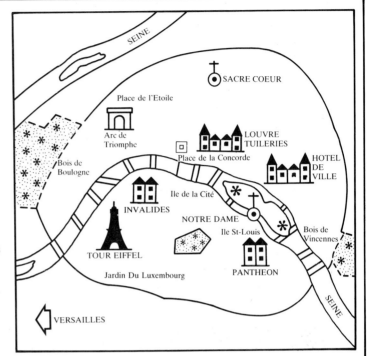

1er JOUR — Rendez-vous à 10h à la réception de l'hôtel. Le matin, tour de ville guidé permettant de découvrir le Louvre, le Sacré-Coeur, l'Opéra et Notre-Dame (arrêt-visite). Déjeuner.
L'après-midi, les Invalides, visite du Tombeau de Napoléon . . . Puis départ pour la Tour Eiffel (montée au 2e étage). Retour à l'hôtel. Dîner à l'hôtel.

2e JOUR — Rendez-vous à 10h. Le matin, visite du Parc Zoologique de Vincennes. Déjeuner.
L'après-midi, départ pour Versailles; promenade dans les jardins 'à la française'; visite du château.
Dîner/spectacle à l'Eléphant Bleu.

3e JOUR — Matinée libre. Nous vous suggérons une balade inattendue: une promenade au cimetière du Père Lachaise.
Y reposent Proust, Chopin, Piaf et tant d'autres. Déjeuner libre.
Rendez-vous à 14h. Visite au Centre Pompidou (expositions, musique, peinture . . .). Shopping aux Champs Elysées. Dîner à l'hôtel.

1 Where do you have to meet on the first day?
2 Where do you stop on your guided tour?
3 When will you be sightseeing outside of the city centre?
4 What is the *Eléphant Bleu?*
5 What are the attractions of the Pompidou Centre?
6 What is suggested for your free morning?

▷ Use the above holiday schedule to help you write a plan, in French, of a holiday weekend for a French person staying either in your own area or in London.

1 What exactly do you have to do to win a week in Paris?
2 What is included in the prize?
3 Write your competition entry.
4 You won this holiday! Write a brief account (in French) of what you did, saw, ate, etc. The following verbs will help you:
J'ai visité . . .
Je suis resté(e) . . .
J'ai aimé . . .
J'ai vu . . .
J'ai mangé . . .
Je suis allé(e) à . . .
J'ai bu . . .

GAGNEZ UN SEJOUR A PARIS ! ! !

VISITEZ LES CHAMPS ELYSEES ET LE LOUVRE . . . ALLEZ VOIR L'ARC DE TRIOMPHE ET LA CATHEDRALE DE NOTRE-DAME . . . MANGEZ DANS LES CELEBRES RESTAURANTS PARISIENS . . . MONTEZ A LA TOUR EIFFEL . . . PRENEZ UN BATEAU-MOUCHE SUR LA SEINE!!!

VOTRE SEMAINE INOUBLIABLE COMPREND EXCURSIONS, PENSION COMPLETE ET SPECTACLES!!!

POUR GAGNER, EXPLIQUEZ EN MOINS DE TRENTE MOTS POURQUOI VOUZ AIMEZ PARIS.

Moi j' ♥ Paris parce que..
....
....

Les Gîtes d'enfants :
d'excellentes vacances pour vos enfants

Le Gîte d'enfants : c'est une famille rurale agréée pour recevoir des enfants pendant le week-end et les vacances scolaires.

Une garantie de sérieux : le label Gîtes d'enfants est délivré par les gîtes de France et assure la qualité.

Vie de famille et activités de vacances :
découverte de la ferme, des animaux, de la campagne, de la montagne, joies de la neige...

Le prix : 100 F par jour maximum en pension complète.
Les bons de vacances et chèques vacances sont acceptés.

Gîtes d'enfants de Savoie
Relais des Gîtes de France / Savoie
24 boulevard de la Colonne
73000 CHAMBERY 79 33 22 56

●VACANCES TOURISME

1 When does the *Gîtes d'enfants* scheme operate and what do you get for 100F per day?

2 List the advantages of this type of holiday:
   (i)   for the parents sending children
   (ii) for the children themselves

En vacances ▼

1 Describe the accommodation provided in your *mobil home*.
2 Which facilities are available for people interested in sport?
3 Which other facilities are available?
4 What would be the cost for four people spending two weeks in June at the *Oasis*?
5 Are meals included in the price? Are sporting activities included in the price?
6 When is the village open?

Si on allait en France   ▼

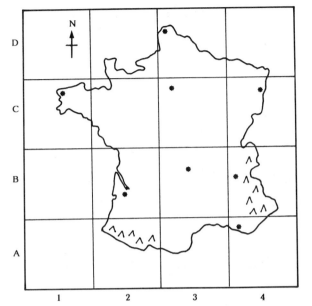

You have decided to go to France for your holidays. How well do you know the country? Do you know where the main towns are?

Read the descriptions of the towns and mountain ranges below and locate them on the map, choosing the correct grid reference, e.g. B2, D4, etc.

Can you describe where other places are on the map?

CALAIS — c'est un port de voyageurs (surtout pour les Anglais), situé dans le nord de la France à 30 km de l'Angleterre

BORDEAUX — c'est un port important dans le sud-ouest de la France, situé sur la côte atlantique

STRASBOURG — c'est la capitale de l'Alsace. Une ville située dans l'est de la France près de la frontière allemande

LES PYRÉNÉES — c'est une chaîne de montagnes qui sépare la France et l'Espagne dans le sud-ouest de la France

GRENOBLE — c'est une ville universitaire située dans les Alpes dans le sud-est de la France

BREST — c'est un port militaire situé dans le nord-ouest de la France sur la côte atlantique

CLERMONT-FERRAND — c'est une ville industrielle qui se trouve au centre de la France dans le Massif Central

MARSEILLE — c'est un port important situé dans le sud de la France au bord de la Méditerranée

LES ALPES — c'est une chaîne de montagnes dans le sud-est de la France

PARIS — c'est la capitale de la France, située dans le nord de la France entre Brest et Strasbourg

▷ Using the above descriptions to help you, how would you describe (in French) where you live, and where London, Manchester and other large cities are situated.

La météo

Link up the following descriptions of weather with the appropriate symbol below:

ensoleillé   neige   orages   direction du vent
éclaircies   averses   pluie   nuageux et couvert

Les prévisions régionales

Does the weather map below accurately reflect the written forecast? Are the symbols in the right places? If not, where should they be?

Temps chaud et ensoleillé dans le sud-est. Eclaircies en milieu de journée dans le nord mais pluie dans le nord-est. Orages sur les Pyrénées et neige sur les Alpes. Vent faible de secteur est.

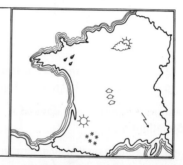

Météorologie nationale

Temps prévu le 29 juin
Quelques nuages matinaux avec bancs de brouillard locaux, disparaissant à la faveur d'un large ensoleillement en milieu de journée, mais possibilité d'averses. Nuages parfois menaçants en soirée, ciel se couvrant près des côtes. Températures minimales entre 12 et 14 degrés en fin de nuit remontant rapidement pour atteindre 27 degrés l'après-midi. Vent du nord faible à modéré. Mer peu agitée.

Indications pour demain
Quelques résidus nuageux le matin sur les Alpes, ailleurs très beau et ensoleillé. Températures minimales entre 14 et 20 degrés, températures maximales entre 30 et 32 degrés. Vent modéré à fort. Mer très agitée.

1 On the 29th of June, what will the weather be like:
   (i)   in the morning?
   (ii) at midday?
   (iii) in the evening?

2 Given the forecasts for the 29th and 30th, which day would be best for the following activities?

   sunbathing   swimming at the seaside
   kite flying   having a picnic

★★★★★★★★★★★★★ *La publicité* ★★★★★★★★★★★★★

LEGENDE

— Route touristique de la Vallée du Loir (Balisée)

🛈 Office de Tourisme ou Syndicat d'Initiative (S.I.)

Station Verte de Vacances (Hôtel classé Tourisme, Terrain de camping, Rivière, Plan d'eau, Tennis...)

🚐 Camping/Caravaning (* nombre d'étoiles)

⛺ Aire naturelle de camping

🚲 Location de vélos

Tennis couverts et non couverts

Clubs Hippiques et Centres de Randonnée Equestre

Location de barques

Aire de pique-nique aménagée

✳ Sentier Pédestre balisé (circuit en Marguerite).

..... Sentier de Grande Randonnée GR35, GR36, GR235

Piscine couverte et bassin de natation

🐟 Plan d'eau réservé à la pêche

■ Site classé ou monument classé, inscrit ou en cours de protection

HOTEL DE LA PLAGE

Toutes les chambres sont avec service privé, téléphone, air conditionné, musique d'ambiance, télévision sur demande et terrasse. Restaurant avec service buffet, et service restauration à la table, deux bars, bar américain, discothèque, salon de coiffure pour dames, salon de beauté, sauna, salles de jeux, salon de télévision, salon de lecture, boutiques.
Deux piscines dont l'une pour enfants, deux courts de tennis, ping pong, mini-golf sports nautiques.
Une aile de l'hôtel abrite le Casino de la Grande Canarie.

Now that you have completed the topic, see how much of the above you can understand.

★ What do the symbols of the key represent?
★ Which facilities are available at the *Hôtel de la Plage*?
★ What is included in the price of *Les Karellis*.
★ Apart from travel and full board, what do *Eurovoyages* holidays offer their clients?

Money matters

On fait les achats ▼

CAFE   TABAC
EPICERIE — JOURNAUX
Victor BRUNEAU
Tél. : 97-32-59

BOUCHERIE CHEVALINE
TOURNEES SUR LE CANTON
M. Collet
2, rue des Anciennes-Boucheries   Tél. 97-23-64

GUILMIN XAVIER
BOULANGERIE - PATISSERIE
42, av. Ch. de Gaulle - 72130 FRESNAY - Tél. 97-34-36

TOUT POUR LE MENAGE ET LE CADEAU
HAAS-BELLANGER
15, avenue Victor-Hugo   Tél. 97-22-28

- Electricien Electroménagiste -
VENTE ET DEPANNAGE TOUTES MARQUES
Michel BESNIER
12, pl. Thiers - 72130 FRESNAY - Tél. (16-43) 97-22-27
MAGASIN EXPO ET VENTE

BOUCHERIE   CHARCUTERIE
VIANDE 1er CHOIX - SPECIALITES DE RILLETTES
ET DE JAMBON DE PAYS
André BELLANGER
Tél. 97-30-04

**CAVE VINICOLE
DE LA GRANDE BOULAYE**
SAINT-PIERRE-EGLISE / Tél (33) 54.31.84

Chaussures
Maroquinerie **Myrtille**
6, rue Gambetta   Tél. : 97-35-17

ÉPICERIE GÉNÉRALE
FRUITS - LEGUMES - POISSONS
Angela VIGNOLAS
27, rue Bailleul   Tél. 97-21-17

POUR VOTRE JARDIN - VOS ANIMAUX
Comptoir Rural
Rue du Docteur-Horeau, Tél. : 97-23-61

MAISON DE LA PRESSE
LIBRAIRIE - PAPETERIE - JOURNAUX - SOUVENIRS
Montres « Kelton » et « Timex »
M. MÉNAGE
4, place Thiers   Tél. 97-24-66

COIFFURE
HOMMES   ET DAMES
Hermange A. et S.
20, place Thiers   Tél. 97-20-89

Which of the above shops would you go to if you wanted . . .

1 to buy some shoes?
2 to buy a newspaper?
3 to buy a present?

4 to buy some pork chops?
5 to buy some wine?
6 to buy some batteries?

7 to buy a stamp?
8 to have a haircut?
9 to buy some fish?

— LE SAC A PROVISIONS —

▷ List the articles in the shopping bag above from the information on their wrappers.

Promotion!

Une visite s'impose

PROMOTION SUR 20 PRODUITS:

* ★ Pois très fins 500g×6
* ★ Petit Navire sardines à l'huile
* ★ Chocolat Milka lait Suchard 100g×3
* ★ Coop farine de blé, kilo
* ★ Fa savon bain 150g
* ★ Vin de pays des Pyrénées, litre
* ★ Jus de pomme Réa, maxi 2 litres
* ★ Sacs congélation, paquet de 50
* ★ Cidre, bouteille 75cl + 25 gratuit
* ★ Bière Kanterbräu, litre

* ★ Yoplait yaourts aromatisés ×12
* ★ Lesieur margarine tournesol 500g
* ★ Brie, portion 250g
* ★ Camembert Président 45%
* ★ Pâté de campagne Olida
* ★ Saucisson sec pur porc 250g
* ★ Sachet 3 tranches de jambon Lunch
* ★ Poulet fermier
* ★ Pâtes Panzani 500g
* ★ Chadog (aliment chien-chat) 500g×6

PRIX EXCEPTIONNELS JUSQU'AU 31 AOÛT. OUVERT TOUS LES JOURS.
HEURES D'OUVERTURE: DE 9h à 20h 30 sans interruption. PARKING GRATUIT.

1 Which of the following are on special offer?
  (i)   ham   (iv) natural yoghurt
  (ii) apples   (v)   pet food
  (iii) peas   (vi) pasta
2 Which non-food articles are on special offer?
3 What do the following refer to in the above advertisement?
  (i) 3 × 100 g   (ii) + 25 gratuit   (iii) 45%

4 How long does the offer last?
5 When exactly is the shop open?
6 What do you think is the meaning of *une visite s'impose*?

▷ Using some of the items that are on offer above, and any others that you think you will need, make up a shopping list of provisions suitable for taking on a picnic or as a packed lunch.

La liste des provisions ▼

un kilo de . . . . .
une livre de . . . . .
une tranche de . . . . .
une portion de . . . . .
un paquet de . . . . .
une boîte de . . . . .
une bouteille de . . . . .
un demi-kilo de . . . . .
un litre de . . . . .
une douzaine d' . . . . .

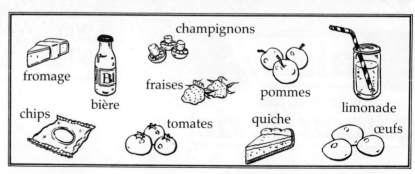

fromage · chips · bière · champignons · fraises · tomates · pommes · quiche · limonade · œufs

1 Match up the weights and measures with the most suitable articles of shopping above.

2 Write out a shopping list of six items to be bought at a grocer's shop and six items to be bought at a fruit shop. (Remember that with the above expressions of quantity *de* changes to *d'* before a vowel e.g. *une boîte d'allumettes*.)

Au supermarché ▼

```
************************
HYPERMARCHE MAMMOUTH
        LAXOU
************************
  L'HYPER LE MOINS CHER
      C'EST NOUS
    A VOTRE SERVICE

BEURRE            6.35
ORANGINA          8.35
FROMAGE          17.60
ŒUFS              7.15
MOUTARDE         12.40
POULET           29.50
LAIT FRAIS        4.70
BIERE BRUNE      12.20

    TOTAL        94.35

    ESPECE      100.00

    RENDU         5.65

HUIT ARTICLES  18 – 09 – 88

  MERCI DE VOTRE VISITE
```

Il y a une erreur

Imagine that you have been shopping at *Mammouth* and that you have been given the bill opposite. However, there are problems. How would you explain the following to the person at the checkout?
1 You did not buy any mustard.
2 You bought some butter but it was a small packet costing 3F95.
3 You bought six eggs, not a dozen.
4 Your cheese cost 7F60, not 17F60.

Use the following to help you:
j'ai acheté . . .
je n'ai pas pris . . .
je regrette . . .
j'ai choisi . . .
vous vous êtes trompé . . .
alors, ça fait. . . .

Abréviations

Abbreviations are often used for supermarket bills. What do the following stand for?
1 charcut.   3 vin. tab.   5 épic.   7 bouch.
2 fr/lég.   4 sac. plast.   6 confit. fr.   8 pâtiss.

Link them up ▼

Link the French phrases with the correct English translation.

1 Give me . . .
2 How much is that?
3 Is that all?
4 Can I help you?
5 Do you have . . .?
6 That costs . . .
7 I'll take them.
8 Can I try it on?
9 I need . . .
10 I would like . . .
11 I'll take . . .
12 Here is the change.

Avez-vous . . .?
Je voudrais . . .
Donnez-moi . . .
Je vais prendre . . .
C'est tout?
Vous désirez?
Il me faut . . .
C'est combien?
Je les prends.
Voilà la monnaie.
Est-ce que je peux l'essayer?
Ça fait . . .

▷ Use these phrases to help you write a dialogue between a customer and a shop assistant. Practise this conversation with a partner and see if you can adapt it to other situations e.g. buying stamps, a newspaper, sweets, a jumper.

Des economies sur vos produits de tous les jours ▼

MAMMOUTH : LA CHARGE

Les vraies armes contre la vie chère !
Chez Mammouth, chaque fois on fait des économies
Faites la différence et jugez du résultat
Chez Mammouth vous êtes gagnants !

- Jambon supérieur
  le kg   55,50F 45,50F
- Tranche de brie
           10,80F 10,00F
- Fraises catégorie 1
  500g   14,50F 13,00F
- Huile d'olive extra douce
  1 litre   27,20F 19,65F

- Pâtes aux œufs
  les 4 paquets de 350g
           8,50F 7,95F
- Bière 'Fritzbräu'
  le pack de 24 bouteilles
           25,00F 23,90F
- Chips Croky
  les 2 sachets de 250g
           9,30F 8,50F
- Confiture de fraises
  le pot de 1kg
           6,80F 6,50F
- Shampooing 'Timotei'
  les 2 flacons de 200ml
           16,00F 14,90F
- Beurre
  la pièce de 250g
           6,60F 5,95F

1 Which items offer the greatest and the smallest savings?
2 Which price guarantee is made by *Mammouth* in the advertisement?
3 How much would you save altogether if you bought the following at *Mammouth*:
(i) jam (ii) olive oil (iii) butter (iv) pasta (v) strawberries

Aux grands magasins ▼

LA CAVE
Le Grand Magasin en ville qui équipe toute la maison

2e étage .... Mode Femmes, Meubles, Self
1er étage .... Mode Hommes et Enfants, Chaussures, Jouets
Rez-de-chaussée   Loisirs, Electroménager, Cadeaux
Sous-sol .... Alimentation, Produits d'entretien, Bricolage

1 Which floor would you visit to find:
(i)   a dress?
(ii) a table?
(iii) a toy?
(iv) a tennis racquet?
(v)   a tin of green beans?
(vi) a tin of paint?

2 What is *La Cave*'s slogan?

▷ Make up a floor by floor plan, in French, for a large store near you. The following departments may figure in your plan as well as those mentioned above:

librairie parfumerie
hi-fi photo jardinage
papeterie sports vaisselle
bijouterie disques tissus
confiserie éclairage

Les vêtements ▼

PAR AUTORISATION MUNICIPALE

SOLDES

AVANT FERMETURE POUR D'IMPORTANTS TRAVAUX

GERLINE
Vêtements Homme - Femme - Enfant (M. BAUDRY)
6 à 10, av. de la Plage - LA TRANCHE-SUR-MER

LIQUIDATION TOTALE

DU JAMAIS VU ! 30000 ARTICLES LIQUIDÉS !

Rayon Femme

	valeur	sacrifié
ROBES Jersey été, très mode plusieurs coloris et dessins. 100 % coton	229F	**99F**
PANTALONS «LEE COOPER» toile très mode 100% coton	195F	**98F**
JEAN'S «LEE COOPER» coupe western bas étroit, 34 au 46. 100% coton	269F	**129F**
MAILLOTS DE BAIN «HUIT» deux pièces mini 90% coton, 10% élasthanne	80F	**45F**
TEE SHIRTS «LEE COOPER» 100% coton, plusieurs coloris mode	59F	**35F**
JOGGING «PUMA» super confort, manches amovibles, 50% coton 50% acrylique	529F	**298F**

Rayon Homme

	valeur	sacrifié
PANTALONS «LEE COOPER» toile sans pinces ceinture élastique, 100% coton	349F	**198F**
JEAN'S «LEVIS» le vrai, coupe western 5 poches, modèle 603 100% coton	286F	**185F**
CHEMISETTES Imprimées mode, col ouvert 65% polyester, 35% coton	189F	**97F**
SHORT «LE COQ SPORTIF» ceinture élastique, 80% polyester 20% coton	99F	**59F**

TOUT DOIT DISPARAITRE

PULLS
Col V COURTELLE, plusieurs coloris, 100% acrylique | 189F | **98F**

Rayon Enfant

	valeur	sacrifié
PANTALONS «LEE COOPER» très mode coupe large, 100% coton, le 6 ans	239F	**119F**
JEAN'S «LEE COOPER» coupe western 100% coton, le 6 ans	189F	**99F**
TEE-SHIRT «LEE COOPER» col V, plusieurs coloris, 100% coton, le 12 ans	59F	**35F**
ANORAKS «K WAY» style parka, doublé chaud, le 10 ans	249F	**145F**

Dans la limite des stocks disponibles

VÊTEMENTS
GERLINE

OUVERT TOUS LES JOURS. MEME LE DIMANCHE
de 9 H à 13 H et 14 H 30 a 20 h

1 When is the shop open?
2 What can you buy in the sale for less than 100F?
3 Which article of clothing has been reduced by most:
   (i)   in the women's department?
   (ii) in the men's department?
   (iii) in the children's department?
4 What are you told about:
   (i)   le jogging 'Puma'?
   (ii) le short 'le Coq Sportif'?
   (iii) les anoraks 'K WAY'?
5 How would you translate *TOUT DOIT DISPARAITRE*?
6 Why is the sale taking place?

Role play

Practise the following role plays with a partner:

A l'épicerie

– *Oui Monsieur/Mademoiselle?*
Say that you would like a tin of peas.
– *Voilà.*
Ask if they have got a bottle of red wine.
– *C'est tout?*
Say no, and ask for a packet of butter.
– *Voilà.*
Ask for a plastic carrier bag and ask how much that comes to.

A la boucherie/la charcuterie

– *Oui Monsieur/Mademoiselle?*
Say that you would like four slices of ham.
– *Voilà.*
Say that you will take a pound of pork and 200 grammes of pâté.
– *C'est tout?*
Ask if they have a portion of quiche.

Chez le marchand de fruits/légumes

– *Bonjour Monsieur/Mademoiselle.*
Ask if they have any pears.
– *Oui.*
Say that you will have a kilo.
– *Voilà.*
Say that you will also have half a kilo of cherries and ask how much the onions are.

Dans les grands magasins

Ask where the clothes department is.
– *Au premier étage.*
. . .
– *Je peux vous aider?*
Say that you will take the blue jumper.
– *Voilà.*
Ask if you can try on the black trousers.

Les heures d'ouverture ▼

IMPULSION DIFFUSION
Le Magasin de Vente du prêt-à-porter Homme et Femme

Lundi de 13 H 30 à 19 H
du Mardi au Vendredi
10 H - 12 H et 13 H 30 - 19 H
Samedi de 9 à 19 H
sans interruption

158, avenue Chomedey de Maisonneuve TROYES
Tél. 25 80 18 24

supermarché champion
A SAINT-PANTALEON
Ouvert du
lundi au samedi
de 9h à 12h30 et de
15h à 19h30
Nocturne le vendredi 20h30
Samedi de 9h à 12h30 et de 14h30 à 19h

Which of these two shops is open longer:
(i) on Monday?
(ii) on Friday?
(iii) on Saturday?

Sondage: 'Si j'étais riche . . .' ▼

On a posé la question 'Que feriez-vous, si vous étiez riche?' Voici les résultats:

Très populaire . . .	J'irais à l'étranger.
	J'achèterais une grande maison.
	Je partirais en vacances.
Populaire . . .	J'aurais une super voiture.
	Je m'achèterais des vêtements.
	J'offrirais des cadeaux à ma famille et à mes amis.
À considérer . . .	Je ne travaillerais pas.
	Je n'habiterais pas ici.
	Je mettrais l'argent à la banque.
	Je ne ferais rien!

▷ Use the above answers to help you say what you would do (and what you would not do) if you won a fortune. Try to give more details than are given above e.g. if you would go abroad, where to? if you would buy a house, where?
Ask other members of your class the question *Que feriez-vous, si vous étiez riche?*

On s'écrit ▼

Salut Céline,
    Je suis allé faire les courses en ville. Je vais aller à Mammouth car je vais acheter à manger pour ce soir. Après cela je vais m'acheter des chaussures chez Fuchsia. Je vais rentrer vers cinq heures. A bientôt
        Alain.

▷ Use the example opposite to write a note giving the following information: You have gone to town, you are going to buy some clothes and a record. You are going to eat in town (say where and when) and you will be going to the cinema after that. Don't forget to say when you'll return.

97

Achats . . . Ventes ▼

ACHATS . . . VENTES . . . ACHATS . . . VENTES . . . ACHATS . . . VENTES . . .

À VENDRE

1. ANNE, Lyon. Vend timbres tous pays, prix et liste sur demande.

2. MARC, Arras. Vend photos joueurs de foot français. 2F la pièce.

3. SYLVIE, St. Hilaire. Vend jeu T.V. vidéo, neuf, prix intéressant.

4. CHRISTOPHE, Lyon. Vend raquette tennis, bon état avec protègetamis. Le tout 70F.

5. DIDIER, Rouen. Vend guitare folk, prix à débattre.

6. OLIVIER, Dijon. Vend posters Madonna, bon état, 30F la pièce.

7. MYRIAM, Metz. Vend une paire de patins à roulettes, 50F.

8. CÉLINE, Nantes. Vend appareil-photo 50F et montre à quartz calculatrice 100F.

À ACHETER

9. PASCAL, Nice. Cherche posters et documents sur Michael Jackson.

10. ODILE, Beaune. Cherche tout sur le football et la Coupe du Monde. Gratuit si possible.

11. ISABELLE, Royan. Cherche posters tous genres, bas prix.

12. CARL, Cognac. Cherche Walkman, bon état.

--------------✂-------------------------

Je désire publier cette annonce: ....

....

NOM (en capitales).. PRÉNOM...........................

N°........................ RUE ....

VILLE .... CODE POSTAL ....

---

1 Find the French for:
   (i)   in good condition   (iv) free if possible
   (ii) new   (v)   each
   (iii) price to be decided (vi) low prices

2 Can you link any of the people selling articles to those buying?

▷ Make up your own advertisement giving the details required on the form.

✱✱✱✱✱✱✱✱✱✱✱✱✱✱✱ *La publicité* ✱✱✱✱✱✱✱✱✱✱✱✱✱✱✱

Now that you have completed the topic, see how much of the above advertisements you can understand.

★ Which types of shops are advertising?
★ Are you given any information about opening times?
★ Which departments are mentioned in *Shopi*?
★ What is Céline selling and what is Séverine collecting?

Health and welfare

Ça fait mal!

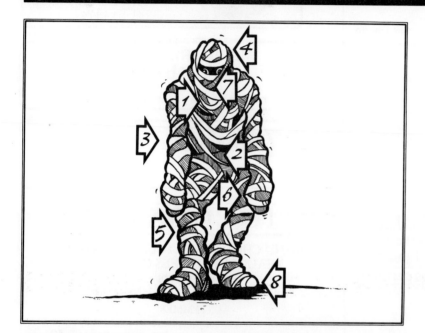

Link up the arrows with the parts of the body that hurt listed below:
– Il a mal au bras.
– Il a mal au genou.
– Il a mal aux dents.
– Il a mal au ventre.
– Il a mal à la tête.
– Il a mal à la gorge.
– Il a mal au pied.
– Il a mal au pouce.
In French, suggest other parts of the body shown in the picture which might hurt.

Link them up

Link up the following health problems in French with the correct English translation from the box.

1 J'ai mal à la tête.

2 J'ai de la fièvre.

3 Je me suis fait mal au bras.

4 J'ai mal au ventre.

5 J'ai vomi et je me sens malade.

6 J'ai mal à la gorge.

7 Je me suis coupé le genou.

8 Je me suis brûlé la main.

I have a sore throat.

I have a stomach-ache.

I have burnt my hand.

I have a headache.

I have cut my knee.

I have been sick and feel unwell.

I have a temperature.

I have hurt my arm.

Et en cas de maladie/en cas d'accident?   ▼

Given the problems below, which advice would you give from the box of suggestions? Give more than one piece of advice if necessary or suggest advice of your own if you feel that this is required.

1 Je me suis cassé la jambe.

2 J'ai de la température.

3 J'ai mal à la gorge.

4 Je suis enrhumé.

5 J'ai mal à la tête.

6 J'ai pris un coup de soleil.

7 Je me suis coupé le doigt.

8 J'ai le mal de mer.

9 Je me suis brûlé la main.

10 J'ai la grippe.

allez à la pharmacie

restez à la maison

sucez une pastille

mettez de la crème

restez au lit

prenez de l'aspirine

prenez du sirop

mettez un pansement

allez à l'hôpital

mettez du sparadrap

Santé/forme   ▼

DOCTEUR
L'ETE A LA MER

Les règles à respecter

Pas de bains de mer après les repas, et pas plus de deux par jour, n'excédant pas le quart d'heure. Pas de plongée sous-marine avant dix ans, et après, s'il n'y a pas de contre-indication, toujours en groupe. Huit à dix heures de sommeil — n'oubliez pas que la sieste « coupe » la journée. Une exposition raisonnable au soleil, la tête toujours couverte d'un chapeau. Une alimentation saine : limitez la consommation de glaces, bonbons et biscuits à n'importe quelle heure, vous éviterez ces ennuis digestifs si fréquents en vacances.

Le bilan des vacances au bord de la mer, selon l'avis des médecins scolaires, est nettement bénéfique : augmentation de poids, de taille, de musculature, et meilleure résistance aux rhumes et bronchites en hiver. Mais il faut savoir que les effets ne sont pas immédiats, car le choc climatique peut jouer dans un premier temps. A la longue, vous jugerez du résultat ! ■

Are the following statements correct, do they need modifying slightly, or are they completely false?

1 Après avoir mangé il ne faut pas nager.
2 Il est fortement conseillé de nager avec quelqu'un.
3 Allez au lit entre huit heures et dix heures du soir.
4 Reposez-vous un peu pendant la journée.
5 Faites attention à ce que vous mangez en vacances.
6 Après les vacances on ne souffre plus de la grippe.

Tu as compris?   ▼

If you were ill in France, could you understand the instructions regarding medicine and prescriptions? What do the following mean?

1
BIEN AGITER LA BOUTEILLE
AVANT L'EMPLOI

4
ADULTES ET ENFANTS – UN
COMPRIME APRES CHAQUE REPAS

2
ADULTES – TROIS COMPRIMES
PAR JOUR

5
SE CONFORMER A LA PRESCRIPTION
MEDICALE

3
NE PAS UTILISER CHEZ LES
ENFANTS DE MOINS DE DEUX ANS

6
RANGEZ LES MEDICAMENTS HORS DE
LA PORTEE DES ENFANTS

(The answers are on the next page. Don't cheat!)

Role play . . . Chez le médecin   ▼

Use the information that you have worked out from the previous exercise to help you with the following role plays.

Chez le médecin (1)

– *Bonjour Monsieur/Mademoiselle, qu'est-ce qui ne va pas?*
Tell the doctor that you feel unwell and that you have a stomach-ache.
– *Depuis quand?*
Say since this morning and that you have been sick.
– *Qu'est-ce que vous avez mangé?*
Say that you ate some fish at a restaurant yesterday.
– *Voici une ordonnance pour des capsules.*
Thank the doctor and say goodbye.

Chez le médecin (2)

– *Bonjour Monsieur/Mademoiselle, qu'est-ce qui ne va pas?*
Tell the doctor that you have a sore throat.
– *Depuis quand?*
Say since yesterday.
– *Vous avez autre chose?*
Say yes, you have a headache as well.
– *Ce n'est pas grave. Allez à la pharmacie avec cette ordonnance.*
Say thank you and goodbye.

Try to put together a conversation between yourself and a doctor explaining that you have a sore leg and explain how this happened.

OFFREZ VOTRE SANG...

Read the information in the above cartoon and correct, if necessary, the following views about giving blood.

1 Hospitals need lots of blood but they can store it for long periods in fridges.
2 Anyone can give blood.
3 You can give blood every six months but not more often.
4 Your blood is tested when you give blood and you are informed if any problems are discovered.
5 Don't eat before you give blood – that's why you are given tea and biscuits after you have given blood.

Tu as compris? – Answers ▼

6 Keep medicines out of the reach of children.
5 To be taken as directed.
4 Children and adults – one tablet to be taken after each meal.
3 Do not give to children under two years of age.
2 Adult dosage – three tablets daily.
1 Shake the bottle well before use.

ATTENTION! – Les accidents à la maison! ▼

— Sur 10 accidents à la maison, 7 surviennent dans la cuisine ! Pourquoi dans la cuisine ?

C'est la pièce où l'on vit, où se déroulent la plupart des activités ménagères, où sont rangés le plus grand nombre des produits toxiques, où se trouve l'appareillage électro-ménager. La cuisine est trop souvent la pièce la plus petite de l'appartement.

De 1 à 4 ans, votre enfant est à l'âge de la découverte : ne sous-estimez pas sa curiosité : il touche, il goûte, il explore tout ce qui est à sa portée : et c'est normal !

Le couteau ou la fourchette qui traîne sur la table, les verres fragiles — et si coupants — placés dans le bas du placard, le mixer, le moulin à café que vous avez laissés branchés: autant de dangers pour votre enfant ! Même si vous êtes tout près de lui, une seconde d'inattention : c'est le drame !

Mettez hors de la portée de vos enfants tous les objets et ustensiles dangereux. Souvenez-vous : un geste, un instant suffisent !

1 Which statistics confirm that the kitchen is a dangerous place?
2 Why is the kitchen such a dangerous place?
3 Which children are especially at risk?
4 Why is this the case?
5 Which kitchen equipment is said to be dangerous?
6 What advice is given to people with children?

Les accidents d'enfants

1 Given the information in the chart opposite, at what age are children most likely to have an accident at home, and what sort of accident are they most likely to have?

Plus ou moins fréquents

	6 MOIS	1 AN	2 ANS	3 ANS	4 ANS	5 ANS
INTOXICATIONS PAR LES PRODUITS MENAGERS	▪	■	■	◼	◼	▪
INTOXICATIONS PAR LES MEDICATIONS	▪	■	■	■	◼	◼
BRULURES	▪	■	■	■	■	■
CORPS ETRANGERS AVALES	▪	◼	▪	◼	◼	▪
CORPS ETRANGERS INHALES	▪	▪	▪	▪	▪	▪

En pleine forme? ▼

LE SPORT A VOTRE MESURE

ULKER 1500 : véritable microprocesseur de poche, programme votre exercice physique en fonction de vos capacités.

1 - Il contrôle votre rythme cardiaque.
2 - L'alarme vous prévient d'un effort physique trop intense.
3 - Il mesure les calories dépensées pendant l'exercice.
4 - Il mesure votre aptitude pour des exercices spécifiques.
5 - Il enregistre votre vitesse pendant l'exercice.
6 - Il règle le rythme qui vous convient.
7 - Il mesure la distance parcourue pendant l'exercice.
8 - Il mémorise l'exercice précédent.

490F

SGD

The ULKER 1500 makes eight claims regarding your health and exercise. They are listed below, but not in the order they appear in the advertisement. Put them in that order.

1 It notes how far you have run.
2 It calculates the energy you have used.
3 It records your speed.
4 It checks your heart beat.
5 It warns you if you do too much.
6 It records the details of your last exercise session.
7 It measures how suited you are for certain exercises.
8 It checks that you are taking exercise at the rate that is best for you.

La cuisine-santé ▼

Découvrez la cuisine-santé

Mieux manger

Pendant quelques semaines, vous allez être plus proche de la nature. C'est l'occasion de vous nourrir de façon plus saine, plus naturelle. Oubliez les nourritures trop riches en graisse ou en sucre: pâtes, rillettes, pâtisseries lourdes, glaces, sauces, chips huileuses ... Redécouvrez les poissons et les œufs, plus économiques, aussi nutritifs et souvent moins gras que la viande.

Moins manger

Un Français sur trois mange trop. C'est peut-être votre cas ... Essayez donc, cet été, de manger un peu moins. Evitez surtout les graisses et les sucreries. Mais ne sautez pas de repas. Répartissez mieux votre alimentation dans la journée. Vous pouvez, en particulier, composer des petits déjeuners plus copieux: fromage frais, pain de campagne, œufs, céréales sans oublier le lait et les jus de fruits frais. Un délicieux moyen d'être en forme dès le matin!

Manger juste

L'été est la saison d'un grand nombre de fruits et légumes.

Profitez-en! Mais rappelez-vous qu'ils doivent toujours être soigneusement lavés avec une eau propre, surtout s'ils sont consommés crus.

En vacances, on a le temps d'avoir de l'imagination: inventez des salades, préparez des desserts aux fruits, goûtez les fruits et légumes de la région ...

1 What is the general aim of *cuisine-santé*?
2 Why should we eat more fish and eggs?
3 What is the problem facing one in three French people?
4 What should we eat for breakfast? Why?

5 List in French the foods that the article suggests we should avoid, and things that are good for us. Think of other items of food to add to each list.

Douze recettes du chef . . . pour une meilleure hygiène ▼

1 Dès votre arrivée sur le lieu de travail, laissez vos vêtements de ville au vestiaire et changez de tenue.

2 Tous les jours chaque matin en arrivant, lavez-vous bien les mains avant de commencer votre travail. Puis dans la journée, avant, entre et pendant les manipulations.

3 La visite médicale est obligatoire à l'embauche et tous les ans.

4 Attention aux blessures! Ainsi, en cas d'infections, l'arrêt de travail est obligatoire.

5 Chaque jour, lavez, désinfectez, rincez les matériels, les ustensiles, les plans de travail et les sols.

6 Tous les animaux de compagnie (chiens, chats, oiseaux) ainsi que les plantes vertes sont interdits dans votre cuisine.

7 Les déchets de production doivent être évacués dans des sacs et entreposés dans des poubelles dans un local séparé.

8 Dehors les rongeurs! N'hésitez pas à faire appel aux spécialistes de dératisation chaque fois que cela est nécessaire.

9 Veillez soigneusement à l'entretien des planches à découper. Après chaque utilisation, frottez, grattez et rincez.

10 Attention! L'arrêt de travail est obligatoire si vous avez des infections intestinales, respiratoires (rhume, grippe, bronchite).

11 Portez une coiffe, une blouse en coton et des chaussures anti-dérapantes.

12 Ne quittez pas votre cuisine sans avoir fermé le gaz.

Link up the twelve 'recipes' for kitchen safety with the appropriate illustration. What exactly is *le Chef* recommending in each case?

Contrôlez-vous avant d'être contrôles.

Des idées fausses, des risques en plus.

Les responsables d'accidents, ce sont "les autres", les alcooliques.
Il n'est pas nécessaire d'être alcoolique pour être un "danger public".
Conduire après un dîner bien arrosé suffit pour faire partie des "autres".

On peut boire sans risques avant un petit trajet.
Au contraire, c'est sur les courts trajets que les accidents mortels sont les plus nombreux, en rase campagne comme en ville.

Même si on a un peu bu, le soir les routes sont plus sûres.
C'est au contraire entre 18 h et 3 h du matin que l'alcool au volant fait le plus de victimes, avec une pointe entre 18 h et 20 h, au retour du travail. Les nuits de week-end sont les plus dangereuses.

Quand "on tient bien l'alcool", au volant aussi on reste maître de soi.
Dès 0,50 g, le comportement est modifié, même si on ne s'en rend pas compte.
A 0,80 g, les réflexes sont troublés, la vigilance baisse, la perception du danger diminue, la conduite devient dangereuse.
Au-delà de 1,5 g, les réflexes sont détruits, entraînant la perte totale de contrôle du véhicule.

1 What sort of person is the article *Des idées fausses* aimed at?
2 What is its general message?
3 What are the common views regarding alcohol that the article seeks to correct?
4 According to the article:
   (i) Are you safer travelling short distances after a drink?
   (ii) When do most accidents occur?
   (iii) How does alcohol affect your reflexes?
5 What is the main title of the page suggesting to drivers who drink?
6 The slogan for the article is *Pour notre santé, choisissons la modération*.
   Can you think of a French slogan of your own that would be appropriate for the article?

AVEZ-VOUS UN PROBLEME?

« NOUS AIMONS DES GARÇONS »

Nous aimons des garçons qui sont super beaux! Un jour ils sont venus nous demander d'aller au bal avec eux, mais nous avons répondu non à cause de nos parents. Depuis ce jour, ils nous disent à peine bonjour. C'est comme si nous n'existions plus. Que peut-on faire pour sortir avec eux?

« TOUT LE MONDE ME CRITIQUE »

Mon problème: depuis neuf mois je sors avec un garçon qui a deux ans de plus que moi, et cela me vaut des critiques de la part de tout le monde; aussi bien de mes parents que de mes ami(e)s. Pourtant, X. et moi nous nous entendons parfaitement. A ma place, que feriez-vous?

« COMMENT LUI DIRE QUE JE NE L'AIME PAS »

Dans ma classe, il y a X., un garçon que j'ai connu en 6e (nous sommes maintenant en 4e). Il m'a déjà demandé plusieurs fois de sortir avec lui et je lui réponds toujours par des "Je ne sais pas" car je n'ai pas le courage de lui dire tout simplement "Non!". J'ai peur, en effet, de le blesser, surtout que c'est un très bon copain.

« JE SUIS JALOUX »

J'ai un grave problème. Je sors avec S. depuis deux ans et ça marche très bien entre nous: nous nous aimons à la folie. Mais voilà: je suis très jaloux! S. est super mignonne, eh bien je ne supporte pas que des garçons la regardent. En plus, elle va dans une école où il y a 90% de garçons . . . alors comment faire pour ne pas être jaloux?

Link the above problems with the suggested solutions below. Give reasons for your choices. Do you agree with the advice given?!!

• Si la vérité fait parfois mal, elle est toutefois moins cruelle qu'une vaine attente. Aussi, nous te conseillons de lui dire franchement que tu n'as que de l'amitié, de la sympathie pour lui, et que d'autres filles seraient certainement ravies de sortir avec lui.

• Pourquoi es-tu jaloux? Franchement nous ne comprenons pas. Tu nous dis que vous vous aimez, que tout va bien entre vous. Alors, pourquoi ces excès de jalousie? C'est ridicule.

• Il est difficile de se mettre à la place de quelqu'un. En revanche, nous pouvons te conseiller de ne pas te laisser influencer par les autres. Alors, défends ton idylle de toutes tes forces, envers et contre tout et tous. Courage!

• Les garçons, il y en a partout. Vous avez raté ceux-là, tant pis, d'autres viendront que vous aimerez aussi. D'autant que ces deux garçons ne me semblent guère dignes de l'intérêt que vous leur portez!

Sécurité routière – si nous voulons, nous pouvons ▼

> # SUR LA ROUTE, PAS DE RISQUES.

Le Code de la route, tout le monde le connaît sur le bout du volant. Vous aussi, et pourtant… vous souvenez-vous ?

VITESSE. Les limites à connaître.

	Conditions normales	Temps de pluie
Autoroutes	130 km/h	110 km/h
Routes à 2 chaussées séparées par terre-plein central	110 km/h	100 km/h
Routes	90 km/h	80 km/h
Agglomérations	60 km/h	60 km/h

Un ralentissement brusque ? Avertissez les autres avec vos feux de détresse ! C'est obligatoire.

CEINTURE DE SÉCURITÉ. La ceinture de sécurité ? Elle vous protégera et surtout votre visage sur route et en ville. Et puis c'est obligatoire en toutes circonstances. Attachez-la bien, sinon vous risquez une amende de 250 F à 600 F.

ENFANTS. Les enfants de moins de 10 ans ? Protégez-les ! Toujours à l'arrière, jamais à l'avant.

AUTOROUTES. Sur autoroute, on roule à droite. On double toujours à gauche. La bande d'arrêt d'urgence c'est seulement pour les urgences.

LA SÉCURITÉ C'EST D'ABORD LE RESPECT DES RÈGLES !

1 Why are there two sets of speed limits given?
2 When should you wear a seat belt? What is the penalty for people who do not?
3 What advice is given regarding children?
4 What must you remember on motorways?
5 The slogan for this road safety leaflet is *si nous voulons, nous pouvons* . . . What does this mean?

. . . Faits divers . . . faits divers . . . faits divers . . . faits divers . . . ▼

Faits divers

Collision entre deux voitures

Une collision entre deux voitures s'est produite lundi à 21 h dans l'avenue du Général-Giraud. Le véhicule de M. Christian Niess, demeurant rue du Robinson a été heurté par la voiture qui le suivait. Celle-ci était conduite par M. Joseph Delli-Gatti habitant bâtiment Les Alpes n° 21 à Saint-Dizier.

Dans le choc deux personnes ont été blessées : le passager du premier véhicule, M. Jean-Baptiste Niess 19 ans, et le conducteur du second.

Début d'incendie dans une pizzeria rue des Ponts

Un incendie s'est déclaré tôt hier matin, vers 1 h 30, dans les sous-sols d'une pizzeria, située rue des Ponts à Nancy.

Les sapeurs-pompiers ont mis une petite lance en manoeuvre pour maîtriser les flammes et les dégâts sont limités : quelques casiers à bouteilles, une porte. Mais les fumées ont également endommagées l'établissement.

Ain : un pompier tué et quatre autres blessés

Un pompier volontaire a trouvé la mort hier matin à Crottet dans l'Ain à la suite de l'effondrement d'un mur alors qu'il luttait contre un incendie. Quatre autres pompiers ont été blessés, dont deux très grièvement Le feu s'est déclaré dans la nuit dans les dépendances d'une ferme de Crottet.

Lot : un jeune homme tué par la foudre

Le très violent orage qui s'est abattu hier matin sur une partie des départements de la Dordogne et du Lot détruisant des cultures de maïs, de tabac et des vignes dans plusieurs communes, a également causé la mort d'un jeune homme près de Souillac (Lot).

Un piéton renversé

Hier vers 17 h, M⁰ᵉ Marie-Paule Besson, dix-sept ans, demeurant 1 rue de Fontenay à Luçon, a été renversée par une voiture conduite par M. Pascal Gilles, domicilié à Acherville (78). La jeune fille circulait à pied dans la rue Clemenceau, face au forum. Légèrement blessée, elle a été transportée à l'hôpital par les pompiers.

Chute de cheval

Hier lundi, vers 11 h 30, les pompiers de Saint-Jean-de-Monts sont intervenus auprès de M⁰ᵉ Myriam Herrera, qui a contracté une chute de cheval, lors d'une promenade à Notre-Dame-de-Monts. La victime, âgée de 20 ans, est domicilié au lieu-dit Les Chapollières, La Rive commune de Saint-Jean-de-Monts, a été transportée à l'hopital de Challans, elle souffrirait d'une fracture du bassin.

1 Which of these accident reports describe:
   (i)   a fire in a restaurant?
   (ii) an incident involving a fall from a horse?
   (iii) a car crash?
   (iv) an accident involving a wall that collapsed?

2 When did each of these incidents occur?

3 For each of the accident reports above, note the damage that was caused and the injuries reported.

4 Find the French for the following:
   (i)   knocked down
   (ii)   to crash
   (iii) injured
   (iv)   a fire
   (v)   firemen
   (vi)   the damage
   (vii) who lives at
   (viii) killed

▷ Imagine that you have witnessed an accident and someone has been knocked down as a result. You now need to give a short account (a paragraph) of what you saw to the police. Say where you were (j'étais . . .), what you saw (j'ai vu/j'ai remarqué . . .), perhaps what you heard (j'ai entendu . . .) and use the vocabulary from the accident reports opposite to fill in the details.

★ ★ ★ ★ ★ ★ ★ ★ ★ ★ ★ ★ ★ *La publicité* ★ ★ ★ ★ ★ ★ ★ ★ ★ ★ ★ ★ ★

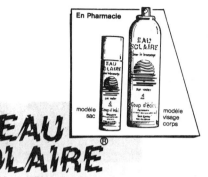

Sans aucun médicament, l'une des plus vieilles médecines du monde, vous aide à arrêter de fumer, simplement, rapidement et sans effort.

TABAC STOP
SARL T.B.S. 8, rue de l'Est 92100 BOULOGNE Tél. : 46.05.43.21

Veuillez me faire parvenir :

.......TABAC STOP au prix unitaire de 850 francs

Nom _____

Prénom _____

Adresse _____

Tél. _____

Mode de règlement : □ Chèque bancaire ou C.C.P.
   □ Ctr remboursement
   (taxe en vigueur en sus)

à l'ordre de SARL T.B.S. 8, rue de l'Est 92100 BOULOGNE Tél. : 46.05.43.21

EAU SOLAIRE®
"Coup d'éclat"
Non gras, protège, rafraîchit.

NON GRAS

Ce produit associe un filtre solaire particulier
U.V.B à une eau distillée de bleuet.
Laisse respirer la peau

SANG DONNÉ
...VIE SAUVÉE

Mᵐᵉ M. FIRMIN
PHARMACIEN
MEDICAMENTS VETERINAIRES
46, Grande-Rue   Tél. 97-20-01

SERVICE AMBULANCIER DES ALPES-MANCELLES
DEPUIS 1964

AMBULANCES BIGNON
C.C.A. 75 76 0150
Tél. (43) 97-30-22 et 97-30-27
Toutes distances
Tous transports sanitaires allongés et assis

VOTRE CURE A NICE

Face à la Baie des Anges,

Cures particulièrement indiquées pour : revitalisation, douleurs, fatigue générale, problèmes circulatoires, asthénie

Hébergement
4 étoiles, vue mer.
6 jours, 6 nuits à partir de

3 237.50 F
Tarif basse saison

ENFIN UNE CURE
DYNAMIQUE AU SOLEIL !

Chaque jour 2 heures de
soins attentifs :
Revitalisation
Remise en forme
Amincissement

**VITE, RÉSERVEZ
VOTRE SEMAINE
AVEC 1500 F**

CENTRE CURES PROFILS
1, Promenade des Anglais
06000 NICE - France
Tél. (93) 87.73.37 - Télex Homer 470 361

OFFREZ VOTRE
sang

Pour
notre santé
choisissons
la modération.

La seule règle est :
ne buvez pas ou ne conduisez pas !

Now that you have completed the topic, see how much you can
understand of the above advertisements.

★ What sort of cure is on offer in Nice?
★ Which advertisement is aimed at people with pets?
★ Which of the above are public service advertisements?
★ Will *Tabac Stop* require you to take drugs to help you stop smoking?

Services

LA POSTE – PARIS LOUVRE : RECETTE PRINCIPALE				
HEURES LIMITES DE DÉPÔT POUR UN DÉPART LE JOUR MÊME				
LUNDI AU VENDREDI			SAMEDI	DIMANCHE
PARIS	BANLIEUE	PROVINCE ÉTRANGER AVION	TOUTES DESTINATIONS	
22H00	20H00	19H00	17H00	16H00

EN SEMAINE, TOUS LES BUREAUX DE POSTE SONT OUVERTS
LUNDI AU VENDREDI   DE 8H À 19H
SAMEDI   DE 8H À 12H

1 What are the opening times of French post offices?
2 Would the following letters be sent on the day that you posted them?
   (i)   A letter sent to England, posted at 9 p.m. on Wednesday
   (ii) A letter sent to England posted at 4 p.m. on Saturday
   (iii) A letter sent to Dijon, in France, posted at 8 p.m. on Friday
3 Which of the post boxes below would you use to send a postcard from
Paris to England?
4 What do the numbers on the *BANLIEUE* post box stand for?

TARIF REDUIT

**PAQUETS
JOURNAUX, PERIODIQUES**

**PARIS
TARIF NORMAL**

AVION

**AUTRES DESTINATIONS
TARIF NORMAL**

**BANLIEUE
77–78–91–92–93–94–95**

Allô, allô . . . ▼

VOUS DESIREZ TELEPHONER . . .

Utilisez, en vous munissant préalablement de pièces de monnaie une des 198 000 cabines placées dans les lieux publics ou adressez-vous au guichet d'un de nos 17 000 bureaux de poste.

Si vous appelez de votre hôtel, d'un café ou d'un restaurant, vous risquez de payer un maximum de 30% plus que le prix normal.

La télécarte: elle vous permettra de téléphoner sans souci et sans monnaie à partir d'une cabine équipée d'un publiphone à cartes. Ces télécartes de 40 ou 120 unités s'achètent dans les bureaux de poste, guichets SNCF, cafés-tabac, certains hôtels ou restaurants, aires de parking ou stations-service sur autoroutes.

Tarifs réduits:
– du lundi au samedi
   de 20h à 10h pour le Canada et les Etats-Unis
   de 21h30 à 8h pour l'Israël
   de 23h à 9h30 pour le Portugal
– du lundi au vendredi de 21h30 à 8h et le samedi
   à partir de 14h pour les autres pays de la CEE, la
   Suisse, l'Autriche et la Yougoslavie
– et pour ces mêmes pays les dimanches et jours
   fériés français, toute la journée.

Pour les pays extérieurs à la France – Introduire les pièces, composer le 19, l'indicatif du pays puis le numéro du correspondant.
– **l'Allemagne de l'Ouest:**
   19 + 49
– **l'Autriche: 19 + 43**
– **la Belgique: 19 + 32**
– **l'Espagne: 19 + 34**
– **l'Italie: 19 + 39**
– **le Luxembourg 19 + 352**
– **le Royaume-Uni: 19 + 44**
– **la Suisse: 19+ 41**

Pour avoir le numéro d'un correspondant, appeler l'opérateur. Composer le 19, 33 plus l'indicatif du pays.

1 What are you told about telephoning from hotels, cafés and restaurants?
2 Where can you buy a *télécarte*?
3 In which of the following periods would you pay at the reduced rate if you were telephoning Britain from France?
   (i)   10 p.m. Thursday   (iii) 8 p.m. Monday
   (ii) 3 p.m. Saturday   (iv) 10 a.m. Sunday
4 What should you dial if you want to phone someone in Britain?
5 Which number would you dial to find out a British phone number from the operator?

Ça coûte combien? ▼

CARTES POSTALES		Ordinaires ou illustrées	Illustrées avec 5 mots de vœux au maximum
RÉGIME GÉNÉRAL (sauf tarifs spéciaux ci-dessous) **ET RÉGIME PARTICULIER**		**2,80** F	**2,00** F
Tarifs spéciaux	Allemagne (Rép. Féd.) • Autriche • Belgique • Canada Danemark • Espagne • Grande-Bretagne • Grèce • Irlande • Italie • Liechtenstein • Luxembourg • Pays-Bas • Portugal • Saint-Marin • Suisse	**2,00** F	**2,00** F

1 How much would it cost to send a postcard to England?

S.O.S. ▼

Services spéciaux demandés : (voir au verso)	Inscrire en **CAPITALES** l'adresse complète (rue, n° bloc, bâtiment, escalier, etc...), le texte et la signature (une lettre par case ; **laisser une case blanche entre les mots**).
TÉLÉGRAMME	Nom et adresse MALDANT CELINE 16 RUE VICTOR HUGO DIJON 21000

TEXTE et éventuellement signature très lisible

ARRIVERAI LYON LUNDI 22 FEVRIER
PRENDRAI LE TRAIN RESTERAI UNE
SEMAINE A L'HOTEL DU JURA
TELEPHONEZ-MOI POUR RENDEZ-VOUS
BISES
CELINE

Pour accélérer la remise des télégrammes indiquer le cas échéant, le numéro de téléphone (1) ou de télex du destinataire
TF _____ TLX _____

Pour avis en cas de non remise, indiquer le nom et l'adresse de l'expéditeur (2) :

▷ Use the above completed telegram to help you write one yourself, telling a friend that you will be staying in Paris. Give details of where and for how long you will be staying and suggest a time and perhaps a famous Parisian monument where you could meet.

1 What is the message of the following telegrams?
  (i) Accident de voiture, ne viendrai pas
  (ii) Suis malade, téléphonez à mes parents
  (iii) Arriverai vers minuit mardi soir
  (iv) Ai manqué le train, arriverai demain à 6h
  (v) Grève des trains! téléphonez ce soir
  (vi) Brouillard à l'aéroport, viendrai demain

Ça coûte combien? ▼

LETTRES ET PAQUETS AFFRANCHIS
AU TARIF DES LETTRES ORDINAIRES

RÉGIME GÉNÉRAL (sauf tarifs spéciaux ci-dessous)		3,60 F
Tarifs spéciaux	Canada	2,20 F
	Allemagne (Rép. Féd.) • Luxembourg	2,20 F
	Belgique • Danemark • Gde Bretagne • Irlande • Pays-Bas	2,20 F
	Italie • Saint-Marin	2,20 F
	Autriche • Espagne • Grèce • Liechtenstein • Portugal • Suisse	2,50 F

1 How much would it cost to send a letter to England?

Link them up ▼

Link up the French phrases with the correct translations in the box.

1 Je voudrais un timbre à deux francs.

2 Je voudrais envoyer une lettre.

3 Y a-t-il une cabine téléphonique près d'ici?

4 C'est combien pour envoyer une lettre en Angleterre?

5 Je voudrais envoyer une carte postale.

6 Ça fait combien s'il vous plaît?

7 C'est combien pour envoyer une carte postale en Angleterre?

8 Y a-t-il une boîte postale près d'ici?

9 On peut téléphoner d'ici?

10 Je voudrais deux timbres à trois francs.

- I would like to send a postcard.
- How much is that please?
- I would like two 3-franc stamps.
- I would like to send a letter.
- Is there a phone box near here?
- I would like a 2-franc stamp.
- How much is it to send a letter to England?
- Can you telephone from here?
- Is there a post box near here?
- How much is it to send a postcard to England?

▷ Use the above phrases to help you hold the following dialogue with a partner:
   - You want to know how much it costs to send a letter to England, you want to buy stamps for two postcards to be sent to England and you would like to buy three 2F20 stamps.

Bonjour Paris ▼

PARIS VOUS SOUHAITE LA BIENVENUE

PARIS VOUS SOUHAITE LA BIENVENUE

POUR VOS DEPLACEMENTS

Autobus - métro :	**43.46.14.14**
SNCF :	**45.82.50.50**
Avion :	**45.35.61.61**
Etat des routes :	**48.58.33.33**
Informations sur la circulation des autoroutes :	**47.05.90.01**
Informations boulevard périphérique :	**42.76.52.52**
Appel de taxis :	**47.39.47.39**

POUR CONNAITRE LE TEMPS

Région parisienne :	**43.69.00.00**
Autres régions :	**43.69.01.01**

POUR VOTRE HEBERGEMENT (hôtels - restaurants)

Office de Tourisme de Paris
127, avenue des Champs-Elysées :   **47.23.61.72**

POUR VOS LOISIRS

Manifestations et spectacles :	**47.20.94.94**
Allô spectacles à Paris et en Ile-de-France (expositions, films, pièces, concerts) :	**42.81.26.20**
Musées de la Ville de Paris :	**42.78.73.81**

POUR FACILITER VOTRE SEJOUR

Renseignements téléphoniques : composer **le 12** sur votre téléphone.

Postes et télégraphes : un bureau est ouvert **24 h/24 - 52, rue du Louvre, Paris 1er arrondissement.**

Banques : change fonctionnant tous les jours, **de 6 h 30 à 22 h : THOMAS COOK,** Gare du Nord, Paris 10e arrondissement.

POUR VOUS ASSISTER

Paris-Sécurité 24/24 :	**42.77.47.32**

Police-Secours : composer **le 17** sur votre téléphone.

Police : il existe dans chaque arrondissement un Commissariat de police ouvert nuit et jour.

Sapeurs-Pompiers : composer **le 18** sur votre téléphone.

Service aide médicale d'urgence (SAMU) :	composer **le 15.**
SOS "Médecins" :	**43.77.77.77**
SOS "Urgences dentaires" :	**45.35.41.41** ou **43.36.36.00**
SOS "Vétérinaires" :	**48.32.93.30**
Pharmacie ouverte jour et nuit 84, avenue des Champs-Elysées,	tél. : **45.62.02.41**

1 Which numbers would you phone if you required information about the following?
(i)   rail travel
(ii)   the weather in the Paris area
(iii) where you could find a chemist's open at night
(iv) driving conditions on French motorways
(v)   films being shown in the Paris area
(vi) emergency dental treatment

2 Which services would you be contacting if you dialled the following?
(i) 17   (ii) 12   (iii) 18   (iv) 15

Au bureau des objets trouvés (1) ▼

SNCF   DECLARATION DE PERTE D'UN OBJET

Je soussigné (NOM en lettres majuscules) ....LUC.....BONNEAU................
demeurant à (adresse complète) ...89..RUE..JARRY..,.PARIS..10..

....

déclare avoir perdu/oublié le ......TREIZE.....NOVEMBRE..'88....(date)

*
..UN..PORTEFEUILLE....NOIR..EN..CUIR..AVEC..DEUX..

..CENTS..FRANCS..,..CARTE..D'IDENTITÉ..ET..DES..

..CARTES..DE..CRÉDIT..

dans le train N° ...MÉTRO..... du (date) ....13/11/88........

partant de ..CHÂTELET.. à ...09..h.30.... à destination de ..NATION....

(Signature) ..Luc Bonneau.. le ..13/11/88........

* Description de l'objet (nature, forme, couleur, dimension, contenu)

1 Hold a conversation with a partner in a lost property office. Explain that you have lost a bag and give details of what was in the bag, what it was like and when and where you lost it.

2 Fill in a form, similar to the one on this page, giving the necessary details.

Au bureau des objets trouvés (2) ▼

M. BONNEAU

Je vous informe qu' UN PORTEFEUILLE
paraissant vous appartenir, a été trouvé et nous a été remis.

Nous le tenons à votre disposition contre paiement de la somme de 25 francs
et pendant un délai de 30 jours au Bureau des Objets Trouvés de notre gare.

Ce bureau est ouvert de 6h30 à 21h30. Il est fermé les samedis, dimanches
et jours fériés.

La restitution ne sera possible que sur présentation de la présente et
d'une pièce d'identité, justifiant vos droits à la propriété.

Restant dans l'attente, je vous prie d'agréer, M. BONNEAU , l'assurance
de mes sentiments distingués

C. Leblanc.
Le Chef du Bureau

1 The above letter concerning Monsieur Bonneau's lost wallet contains five important pieces of information (apart from the fact that his wallet has been handed in). What are the five things that he needs to know in order to get his wallet back successfully?

D'autres services ▼

À VOTRE SERVICE . . . À VOTRE SERVICE . . .

S.O.S. AMITIÉ ....Tél 42.35.35.35
SERVICE D'URGENCE
SOCIALE ....Tél 43.35.71.71
EDF – GDF DÉPANNAGE
ÉLECTRICITÉ ....Tél 42.16.09.11
GAZ ....Tél 43.22.13.41
DÉPANNAGE AUTO
JOUR ET NUIT ....Tél 42.83.30.16
CRS AUTOROUTE
(DÉPANNAGE) ....Tél 43.16.22.68

1 The equivalent of the *SERVICE D'URGENCE SOCIALE* in English would be 'Social Services'. What are the English equivalents of the other services on offer?

à votre service

Opticien - Optométriste - Acousticien - Photo
J. GALLAND
22, place Thiers   Tél. 97-22-09

PLOMBERIE   **CHAUFFAGE**
SANITAIRE   **CENTRAL**
Christian CRIÉ
26, av. V.-Hugo   Tél. : 97-21-95

BIJOUTERIE TOURNELLE
49, Grande-Rue   Tél. 97-33-39
Magasin et Atelier ouverts tout l'été
REPARATION DE PENDULES ANCIENNES

PEINTURE — VITRERIE — DECORATION
PAPIERS PEINTS
R. RIBAIMONT
4, rue P.-Doumer   Tél. 97-23-79

ENTREPRISE DE MAÇONNERIE
André DUBOIS
71 bis, av. Ch. de Gaulle - FRESNAY - Tél. 97-27-16

Cycles et Motos — Vente et Réparations
Spécialiste Vélos de Course
Fernand GOUDRY
2, rue Jacques-Hochin   Tél. 97-24-51

TRANSPORTS   **DEMENAGEMENTS**
Terrassements av. Camions et Tracto-Pelle
R. LECOURT
34, rue Richard   Tél. 97-23-50

T. V. COULEUR - RADIO - MÉNAGER - HI-FI
« RADIOLA »
DEPANNAGES TOUTES MARQUES
J. CHIROUTER
9-11, r. Gambetta - FRESNAY-s.-Sarthe - Tél. 97-21-32

Garage   **LEROUX**
Vente - Réparation - Dépannage tous véhicules
Agent RENAULT
Tél. 97-26-15

Which (if any) of the above services would be of use if you were in the following situations?

1 You would like to have your watch repaired.
2 You have oil on your coat and would like it cleaned.

3 You would like some batteries for your Walkman.
4 You have lost a contact lens.
5 Your car won't start.

Aux W.C. ▼

> ## TOILETTES
> ## ENTREE 2F
>
> **Les enfants de moins de 10 ans
> doivent être accompagnés**
>
> **Pièces acceptées 50c 1F 2F**
>
> **Mettez la somme indiquée sur
> le monnayeur, poussez la
> porte qui s'ouvre et se ferme
> comme une porte normale**

SCENARIO: You are in Paris and need to get into one of the new ultra-modern individual toilets (quickly)!

1 What must you do to get in?
2 Why is it important for parents to read the instructions?

Au bureau de change ▼

> ### CHANGE «ELYSEES»
>
> Date
> ACHAT fait le **19 / 07 / 88**   1010 2263
>
> selon la liquidation suivante
>
> | MONNAIES ET BILLETS ETRANGERS | | COURS | | MONTANT EN FRANCS | |
> |---|---|---|---|---|---|
> | LIVRES STERLING | 40 | — | 9 | 85 | 394 | — |
>
> COMMISSION.............................. **25 , —**
>
> TOTAL A PAYER........................... **369 , —**
>
> Signature – *L.R*
> Le Chef du Service

1 If you change money in France at a bank or a *bureau de change*, you will need to be able to understand the receipt you receive when you are given your French francs. How much was changed according to the above receipt and was there a charge made for changing the money?

A la banque ▼

ECU CHEQUE . . .
LA MONNAIE INTERNATIONALE BE L'EUROPE

L'ECU est la devise des pays de la Communauté Européenne. Elle est constituée par la somme de certaines quotités fixes de monnaies des pays de la Communauté*:

Franc Français,
Mark Allemand,
Lire Italienne,
Florin Hollandais,
Livre Anglaise,

Franc Belge,
Livre Irlandaise,
Drachme Grecque,
Couronne Danoise,
Franc Luxembourgeois.

FACILE A OBTENIR

Vous pouvez vous procurer l'ECU CHEQUE auprès des banques et dans les bureaux de l'American Express. Il est disponible en coupures de 50 ECU.

AVANTAGE

Sécurité et tranquillité d'esprit.

Les chèques de voyage en ECU perdus ou volés (non-contresignés par leur propriétaire), sont immédiatement et intégralement remboursés.

1 Where can you use an ECU cheque?
2 Where can you obtain them?
3 What is the advantage, according to the advertisement, of an ECU cheque?

Role play ▼

Could you manage in the following situations? What would you say?

A la Poste (1)

– *Oui Monsieur/Mademoiselle?*
 Ask how much it is to send a postcard to England.
– *Deux francs, Monsieur/Mademoiselle.*
 Say that you would like three stamps.
– *Voilà.*
 Say thank you . . . here is the money.

A la Poste (2)

– *Oui Monsieur/Mademoiselle?*
 Say that you would like two stamps at 2 francs 20 centimes each.
– *Voilà.*
 Ask if you can telephone from there.
– *Il y a une cabine téléphonique au sous-sol.*
 Say thank you and goodbye.

Au Bureau des Objets Trouvés (1)

– *Je peux vous aider?*
 Say that you have lost your passport.
– *Où est-ce que vous l'avez perdu?*
 Say that you think you lost it on a number 20 bus.
– *Quand est-ce que vous l'avez perdu?*
 Say that it was at about 11 o'clock in the morning.

Au Bureau des Objets Trouvés (2)

– *Oui Monsieur/Mademoiselle?*
 Say that you have lost a suitcase.
– *Où est-ce que vous l'avez perdu?*
 Say that is was on the Dijon/Paris train.
– *Elle était comment la valise?*
 Say that it was a brown leather case with clothes inside.

Au Bureau de Change/A la Banque

– *Je peux vous aider?*
 Say that you would like to change thirty pounds.
– *Certainement . . . Allez à la caisse s'il vous plaît.*
 Ask where it is.
– *Là-bas, sur votre gauche.*
 Say thank you.

★ ★ ★ ★ ★ ★ ★ ★ ★ ★ ★ ★ ★ ★ *La publicité* ★ ★ ★ ★ ★ ★ ★ ★ ★ ★ ★ ★ ★ ★

LA POSTE

Bureau Principal
  Centre Ville
Boulevard de la Rochelle
Heures d'ouverture:
en semaine: 8h à 19h
le samedi : 8h à 12h

Distributeur automatique
de billets

Toutes opérations postales
et financières

LAVOMATIQUE
Ouvert 7 jours/7 - BARNEVILLE-PLAGE
Tél. 54.86.30 (Futur N° 53.86.30

RADIO—TÉLÉ
ELECTRICITÉ, ELECTRO-MENAGER - PLOMBERIE
SANITAIRE, CHAUFFAGE CENTRAL, INSTALLATION
Georges GALPIN-BLOSSIER
Dépannages   Tél. 97-31-16

Garage FERON
AGENT CITROEN
MECANIQUE
GENERALE
ST-PIERRE-EGLISE / **54.30.48**

Station TOTAL
L. NICOLLET
BOUTIQUE SERVICE
ST-PIERRE-EGLISE / **54.25.85**

SCOOP PHOTO 1 **HEURE**
VOS PHOTOS COULEURS
EN 1 HEURE
(E)
7, rue Felix Faure
71, rue Meynadier   **93 39 80 83**

PLOMBERIE SANITAIRE - CHAUFFAGE CENTRAL
ARTICLES MENAGERS
L. BLOSSIER
Tél. 97-30-12

LA POSTE ➤
vous recommande
les Travelers Cheques

**BUREAU
DE
CHANGE**

16 RUE JARRY
9h à 16h 30
lundi - samedi

A VOTRE SERVICE
RENSEIGNEMENTS UTILES

Bureau des objets trouvés	44.36.10
Bureau de poste principal	44.26.08
Commissariat de police	44.13.16
Curé Catholique	44.31.11
Hôpital Pasteur	44.61.14
Sapeurs Pompiers	44.38.21
SNCF Informations	44.23.09
S.O.S. Médecin	44.89.73

**Now that you have completed the topic, see how
advertisements you can understand.**

★ When could you buy stamps or change money?
★ Where could you have your car checked?
★ What is the phone number for the Lost Property Office?
★ Which service do you think is offered by a *lavomatique*?

122

Vocabulary

The following vocabulary is listed topic by topic and sets out some of the harder words required for the G.C.S.E. examination. This should be revised along with the key phrases in the 'Link them up' and 'Role play' exercises in each topic. For more detailed examination vocabulary lists, consult the individual examination boards. Feminine forms of words or endings are given in brackets.

1 Personal details

affreux(-euse) awful
(dés)agréable (un)pleasant
aîné(e) older
une barbe a beard
bête stupid
célèbre famous
célibataire single, unmarried
les cheveux courts short hair
les cheveux frisés curly hair
les cheveux marrons brown hair
les cheveux roux ginger hair
chic smart, fashionable
un copain friend (male)
une copine friend (female)
la date de naissance date of birth
drôle funny
fatigué(-e) tired
la femme wife, woman
la fille daughter
le fils (unique) (only) son
formidable great, brilliant
fort(e) strong
fou (folle) mad
gentil(le) kind, pleasant
heureux(-euse) happy
jeune young
joli(e) pretty
le lieu de naissance place of birth
maigre/mince thin
malheureux(-euse) unhappy
le mari husband
méchant(e) naughty, nasty
l'oncle uncle
paresseux(-euse) lazy
le prénom first name
sensass great, wonderful
sportif(-ive) athletic
sympa/sympathique nice
la tante aunt
triste sad
vieux (vieille) old

2 House and home

un appartement (meublé) a flat (furnished)
une armoire a wardrobe
un ascenseur a lift
un aspirateur a vacuum cleaner
une baignoire a bath
la banlieue the suburbs
un bâtiment a building
une bibliothèque a bookcase
au bord de la mer at the seaside
bruyant noisy
un buffet a sideboard
calme quiet
à la campagne in the countryside
un canapé a sofa
la cave the cellar
au centre-ville in the centre of town
une chaîne hi-fi a hi-fi
le chauffage central the central heating
chez moi at my house
une cité a housing estate
une commode a chest of drawers
un congélateur a freezer
une cuisinière a cooker
déménager to move house
un département a county
des draps sheets
l'escalier the stairs
faire les courses to do the shopping
faire la lessive to do the washing
faire son lit to make one's bed
faire le ménage to do the housework
faire la vaisselle to do the washing up
un fauteuil an easy chair
le grenier the attic
un HLM a council flat
un immeuble a block of flats
un lavabo a wash-basin
un magnétoscope a video recorder
les meubles furniture
à la montagne in the mountains
une moquette a fitted carpet

nettoyer to clean
un pays a country
une pièce a room
un placard a cupboard
une poubelle a dustbin
au premier étage on the first floor
propre clean
un quartier an area of town
ranger les affaires to tidy things up
un rayon a shelf
repasser to iron
un réveil an alarm clock
au rez-de-chaussée on the ground floor
un rideau a curtain
sale dirty
la salle de séjour the living-room
au sous-sol in the basement
une table de chevet a bedside table
un tapis a carpet
utile useful
le vestibule the hallway
les W.C. the toilet

libre free
les loisirs leisure
louer to hire
la maison des jeunes (M.J.C.) youth centre
la mode fashion
la natation swimming
un ordinateur a computer
pas mal not bad
un passe-temps a hobby
passionnant(-e) exciting
le patinage sur glace ice-skating
patiner to skate
la patinoire the ice-rink
la pêche fishing
la piscine swimming pool
la planche à voile windsurfing
une promenade a walk
un roman a novel
une séance a film showing
un spectacle a show
super brilliant
un terrain (de sport) a sports ground

3 Hobbies and pastimes

les actualités the news
s'amuser to have a good time
une boîte de nuit a night club
les boums parties
chouette brilliant
un complexe sportif sports centre
un dessin animé a cartoon
dessiner to draw
une discothèque a disco
les distractions things to do (in town etc)
une émission a T.V. programme
ennuyeux(-euse) boring
une équipe a team
l'équitation horse riding
extra brilliant
faire du bricolage do-it-yourself
faire du vélo cycling
un feuilleton a soap opera
un film d'amour a romantic film
un film d'aventures an adventure film
un film comique a funny film
un film d'épouvante a horror film
un film de guerre a war film
un film policier a crime film
un illustré a magazine
l'informatique computing
un jeu a game show
les jeux games
la lecture reading

4 School and careers

apprendre to learn
les arts ménagers domestic science
un atelier a workshop
le bac 'A'-level (equivalent)
un brevet a certificate
un bulletin scolaire a school report
la cantine the dining-hall
en chômage unemployed
un(e) coiffeur(-euse) a hairdresser
un collège (C.E.S.) a high school (11 – 16 years)
un commerçant a trader
le concierge the caretaker
un(e) conducteur(-trice) a driver
le couloir the corridor
un cours a lesson
la dactylo typing
un(e) dactylo a typist
un(e) demi-pensionnaire a pupil who has school
   lunch
le dessin art
devenir to become
les devoirs homework
le directeur(-trice) the headteacher
durer to last
une école primaire a primary school
un(e) élève a pupil
un emploi à temps partiel a part-time job
l'emploi du temps timetable
un emploi temporaire a temporary job

un(e) employé(e) an employee
 . . . de bureau in an office
 . . . des P. et T. at the post office
 . . . de la S.N.C.F. at the railway
être faible en to be poor at
être fort(e) en to be good at
être moyen(ne) en to be average at
un(e) étudiant(e) a student
étudier to study
un(e) fonctionnaire a civil servant
la formation training
un(e) infirmier(-ière) a nurse
l'informatique computing
un jour de congé a day off
un lycée a high school (16 – 19 years)
un maçon a builder
un magasin a shop
les matières school subjects
un métier a profession
les notes marks
un ouvrier a workman
passer un examen to sit an exam
le patron the boss
les permes free periods
un pompier a fireman
un(e) programmeur(-euse) a computer
 programmer
la récréation break-time
la rentrée the return to school after the holidays
le salaire pay
un(e) serveur(-euse) a waiter or waitress
une situation a job
un stage a course
les travaux manuels craft and technology
un trimestre a term
une usine a factory
les vacances scolaires school holidays
un(e) vendeur(-euse) a sales assistant

5 Food and drink

l'addition the bill
l'agneau lamb
un ananas a pineapple
bon appétit have a nice meal
la carte the menu
les champignons mushrooms
la charcuterie cooked pork
les chips crisps
la confiture jam
les crudités raw vegetable salad
délicieux(-euse) delicious
à emporter to take away
une entrée a starter

les escargots snails
les framboises raspberries
les fruits de mer seafood
le goût the taste
goûter to taste
les hors-d'œuvre starters
l'huile oil
les légumes vegetables
une moitié a half
un morceau a piece
la moutarde mustard
les nouilles noodles
la nourriture food
un pamplemousse a grapefruit
le parfum the flavour
le pâté maison home-made pâté
les pâtes pasta
les pâtisseries cakes, pastries
le plat du jour dish of the day
un plat principal a main course
le poivre pepper
le potage soup
un pourboire a tip
les provisions groceries
les prunes plums
la recette the recipe
un repas a meal
le riz rice
rôti(e) roast
salé(e) salted
le sel salt
service (non) compris service (not) included
une tartine a slice of bread and butter
une tranche a slice
la viande meat
la volaille poultry

6 Getting there

un aéroglisseur a hovercraft
un aéroport an airport
un aller-retour a return ticket
un aller (simple) a single ticket
un arrêt d'autobus a bus stop
une auto a car
un autocar/car a coach
en avance early
au bout de at the end of
un camion a lorry
un carnet a book of metro tickets
un carrefour a crossroad
une carte routière a road map
une ceinture de sécurité a safety belt
le chemin de fer the railway

la circulation the traffic
circuler to run (trains)
composter to stamp tickets
conduire to drive
la consigne the left-luggage office
une correspondance a (train) connection
à côté de next to
descendre to get off
la douane the Customs
un embouteillage a traffic jam
entre between
l'essence petrol
en face de opposite
faire de l'auto-stop to hitch-hike
faire le plein to fill up with petrol
les feux the traffic lights
une gare routière a coach station
le guichet the ticket office
à l'heure on time
les heures de pointe the rush hour
jusqu'à as far as
libre free (seats etc)
le mal de mer seasickness
manquer le train to miss the train
monter to get on
une moto a motorbike
occupé(e) taken (seats etc)
en panne broken down
un passage clouté a pedestrian crossing
un péage a motorway tollbooth
un permis de conduire a driving licence
un piéton a pedestrian
une place a seat (on a train etc)
un pneu crevé a burst tyre
près de near to
le prochain train the next train
le quai the platform
en retard late
un rond-point a roundabout
la salle d'attente the waiting room
un sens unique a one-way system
une station a metro station
stationner to park
une station-service a filling station
super/ordinaire 4/2-star petrol
un supplément an extra charge
le tarif the price list
le train en provenance de the train arriving from
les travaux roadworks
le trottoir the pavement
une valise a suitcase
un vélomoteur a moped
vérifier les freins to check the brakes
la voie the platform
un vol a flight

7 Where to stay . . .

un ascenseur a lift
une auberge de jeunesse a youth hostel
le bloc sanitaire the washing facilities
le bureau d'accueil the reception
une chambre avec balcon with a balcony
. . . avec cabinet de toilette with washing facilities
. . . avec douche a room with a shower
une clé/clef a key
complet full
compris included
demi-pension half-board
un dortoir a dormitory
des draps sheets
eau (non) potable (non-) drinking water
un emplacement a camping place on a site
un escalier a staircase
le gardien the warden
un gîte a holiday cottage
un grand lit a double bed
un hôtel deux étoiles a 2-star hotel
s'installer to settle in
par jour/personne per day/person
libre free
louer to hire
la note the bill
pension complète full board
les plats cuisinés cooked meals
les poubelles the dustbins
au premier étage on the first floor
un réchaud a stove
un reçu a receipt
le règlement the regulations
remplir une fiche to fill in a form
réserver to reserve
rester to stay
au rez-de-chaussée on the ground floor
un sac à dos a rucksack
un sac de couchage a sleeping bag
sans without
un supplément an extra charge
le tarif price list
un terrain de camping a campsite

8 Holiday time

une agence de voyages a travel agency
s'amuser to have a good time
un appareil (-photo) a camera
une averse a shower (of rain)
se baigner to bathe
se bronzer to sunbathe
le brouillard fog

la brume mist
une carte de la région a map of the area
le ciel the sky
couvert overcast
une crème solaire a sun cream
un dépliant sur. . . a leaflet about. . .
se détendre to relax
une éclaircie a sunny period
les environs the surrounding area
à l'étranger abroad
les fêtes public holidays
frais cool
il gèle it is freezing
les grandes vacances the summer holidays
un horaire des autobus a bus timetable
une liste des distractions a list of things to do
un maillot de bain a swimsuit
un matelas pneumatique an airbed
la météo the weather forecast
nager to swim
nuageux cloudy
un orage a storm
partir en vacances to go on holiday
passer to spend (time)
une pellicule a roll of film
un plan de la ville a town plan
une planche à voile a surfboard
la pluie the rain
quinze jours a fortnight
les renseignements information
rester to stay
un séjour a stay
une serviette a towel
une station balnéaire a seaside resort
une station de ski a ski resort
le syndicat d initiative the tourist office
les vacances de Pâques the Easter holidays

9 Money matters

une alimentation (générale) a grocer's shop
l'argent de poche pocket-money
un billet de 10F a 10F note
bon marché cheap
un cadeau a present
la caisse the cash desk, check-out
un centre commercial a shopping centre
une charcuterie a pork butcher's shop
un chariot a shopping trolley
cher(-ère) expensive
(vert) clair light (green)
un(e) client(-e) a customer
un(e) commerçant(-e) a shopkeeper
une confiserie a sweet shop

court(-e) short
coûter to cost
en cuir made of leather
déchiré(-e) torn, ripped
dépenser to spend (money)
échanger to exchange
envelopper to wrap (up)
un escalier roulant an escalator
essayer to try (on)
étroit(-e) narrow
faire les achats to do the shopping
  . . . les courses to do the shopping
faire des économies to save money
(vert) foncé dark (green)
un grand magasin a department store
gratuit(-e) free
en laine made of wool
large wide
une librairie a bookshop
un libre-service a self-service shop
une livre de a pound of
une moitié a half
la monnaie change, coins
montrer to show
un morceau de a piece of
moyen(-ne) average
neuf(-ve) new
une papeterie a stationer's
une pâtisserie a cake shop
un peu moins a little less
un peu plus a little more
une pièce de 5F a 5F coin
la pointure shoe size
un pot de a jar of
prix à partir de prices from
rayé(-e) striped
le rayon (des jouets) the (toy) department
rembourser to refund (money)
sauf except
les soldes the sales
la taille size
une tranche de a slice of
un(e) vendeur(-euse) a sales assistant
vendre to sell
la vitrine the shop window

10 Health and welfare

aller mieux to feel better
attention! watch out!
au secours! help!
avoir de la fièvre to have a temperature
avoir la grippe to have 'flu
avoir mal au cœur to feel sick

avoir mal au dos to have backache
se blesser to injure oneself
se brûler le doigt to burn one's finger
le cabinet du médecin the doctor's surgery
se casser le bras to break one's arm
le code de la route the highway code
un comprimé a tablet
conseiller to advise
un coup de soleil sunburn
le dentifrice toothpaste
dépasser to overtake
une épaule a shoulder
être blessé(-e) to be injured
être enrhumé(-e) to have a cold
faible weak
se fouler la cheville to sprain one's ankle
freiner to brake
un genou a knee
grave serious
heurter to hit (car)
un incendie a fire, blaze
malade ill
un(e) malade a patient
un médicament medicine
mourir [mort] to die [dead]
un œil [les yeux] an eye [eyes]
une ordonnance a prescription
un pansement a dressing
une piqûre an injection, sting, insect bite
pleurer to cry
un plombage a filling
propre clean
ralentir to slow down
un rendez-vous an appointment
renverser to knock down
rouler to drive along
sale dirty
la santé health
le savon soap
du sparadrap sticking-plaster
un témoin a witness
tuer to kill

11 Services

un annuaire a telephone directory
un appareil(-photo) a camera
par avion airmail
une boîte aux lettres a post box
un bureau de change a foreign exchange office
le bureau des objets trouvés the lost property office
une cabine (téléphonique) a telephone kiosk
un carnet de chèques a cheque book
carré(-e) square
une carte postale a postcard
un chèque de voyage a traveller's cheque
chercher to look for
un colis a parcel
un coup de téléphone a phone call
décrire to describe
dedans inside it (or them)
envoyer to send
un formulaire a printed form
le guichet the counter
laisser to leave
une livre sterling a pound sterling
un mandat-postal a money order
la marque the brand, manufacturer's make
une montre a watch
oublier to forget
un parapluie an umbrella
en PCV reversed charges
perdre to lose
les P. et T. post office
une pièce d'identité a form of identification
un porte-clefs a key-ring
un portefeuille a wallet
un porte-monnaie a purse
une récompense a reward
un sac à main a handbag
sonner to ring (a phone, bell)
se souvenir to remember
le tarif the price list
un timbre à 2 francs a 2-franc stamp
une valise a suitcase
vide empty